LA POLITIQUE

DE

RABELAIS

PAR

HERMANN LIGIER

Docteur ès Lettres

PARIS

LIBRAIRIE SANDOZ ET FISCHBACHER

G. FISCHBACHER, ÉDITEUR

33, rue de Seine, 33

1880

LA POLITIQUE

DE

RABELAIS

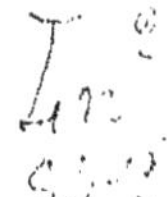

LA POLITIQUE

DE

RABELAIS

PAR

HERMANN LIGIER

Docteur ès Lettres

PARIS

LIBRAIRIE SANDOZ ET FISCHBACHER

G. FISCHBACHER, ÉDITEUR

33, rue de Seine, 33

1880

MIRECOURT, TYP. CHASSEL.

A la Mémoire de mon Père

BÉLIZAIRE-FÉLIX LIGIER

Et à celle de mon Ami

FRANÇOIS GÉNIN, FILS

H. L.

LA

POLITIQUE DE RABELAIS

AVANT-PROPOS

Rabelais, parodiant Dante, peut-être sans le vouloir, a soin de nous avertir gravement, dans le Prologue du *Gargantua*, que, si nous savons « rompre l'os et sugcer la substantifique moëlle, » c'est-à-dire, comprendre son livre et ses « symboles pythagoriques », nous découvrirons « une doctrine absconse, laquelle nous revelera de tres hauts sacrements et mystères horrifiques, tant en ce qui concerne notre religion, que aussi l'*estat politicq* et *vie œconomicque.* »

Mais à peine a-t-il fait cette déclaration, qu'avec sa prudence habituelle et son éternelle raillerie il s'amuse à la contredire. Libre à nous de voir dans son ouvrage des « allegories » vraies ou fausses et d'imaginer que la sagesse s'y cache sous le masque de la folie : le frère Lubin a bien reconnu, dans les métamorphoses d'Ovide, tous les sacrements de l'Evangile! Pour lui, en écrivant, il ne pensait en aucune sorte aux choses de l'Eglise ou de l'Etat, « pas plus que vous, dit-il, qui par adventure beuviez comme moi. »

Ne conviendrait-il pas de s'en tenir à cette seconde affirmation, et ne serait-ce pas prendre Rabelais, ce grand bouffon, trop au sérieux, que de chercher dans le fatras de ses « billevezées » les éléments épars d'une *Politique* raisonnable ?

A une telle question, je ne saurais répondre mieux que par cette Etude, où j'ai tâché de mettre en lumière ce que Rabelais pense des principales institutions de son époque et ce qu'il espère de l'avenir. Elle n'affectera point, d'ailleurs, les formes régulières d'un *Traité*, comme la *République* de Bodin. Ce serait mal entendre Rabelais, que de songer à faire entrer ce génie ondoyant et exubérant dans un moule si peu fait pour lui. Mais des mots comiques et redoutables, des railleries qui sont de bons conseils, des critiques qui emportent la pièce et sur lesquelles on ne peut revenir ; des fables de haut goût, pleines de sens, aussi instructives que l'histoire ; des vues hardies, originales, profondes ; mille traits semés comme au hasard dans une œuvre immense et confuse, recueillis, interprétés, groupés autant que possible dans un ordre naturel et clair, font un ensemble dont chaque partie touche à une question de *politique*, au sens le plus large du mot ; et voilà tont ce qui justifie le titre du présent travail.

Le principal danger était, pour moi, de ne pas sortir assez de ce temps, d'obéir secrètement aux idées, aux préoccupations actuelles, d'introduire ainsi dans l'étude des conceptions d'une autre époque des préjugés de nature à les défigurer et à en dérober le vrai sens. Je me suis efforcé d'éviter cet écueil et de montrer Rabelais comme il est, sans le travestir à la moderne ; il est assez riche de son fonds pour qu'on n'ait pas besoin de lui prêter. Des regards attentifs sur l'époque, des citations multipliées (1), m'ont tenu constamment en lisière et m'ont empêché, je l'espère, de substituer nos idées aux idées de Rabelais.

Il me reste à m'expliquer en quelques mots sur la place et l'importance que j'ai cru devoir donner à des passages du Ve livre. L'authenticité de ce livre est contestée, et il est évident que, s'il devait être considéré finalement comme apocryphe, quelques-unes des conclusions auxquelles je me suis vu conduit se trouveraient dès lors singulièrement infirmées. Toutefois ce n'est pas ici le lieu de traiter à fond cette question délicate ; un tel problème d'érudition littéraire et de goût, discuté avec le développement qu'il comporte, m'entraînerait beaucoup trop loin. Je me bornerai à indiquer rapidement les principales raisons qui militent en

(1) L'édition dont je me suis servi est celle de MM. Burgand des Marets et Rathery, publiée à Paris, chez MM. Firmin Didot frères, en 1873.

faveur de l'authenticité, au moins pour le plan et l'idée, sinon pour tous les détails de la forme, et qui me paraissent de nature à justifier l'usage que j'ai fait du Ve livre.

MM. Burgand des Marets et Rathery sont les adversaires les plus décidés de cet ouvrage; avant eux, M. Delécluze s'y était déjà montré peu favorable. Cependant Le Duchat, le premier commentateur sérieux de Rabelais, Le Motteux, son traducteur anglais, Regis, son traducteur allemand, l'abbé de Marsy, Ch. Jacques Brunet, Nodier, M. Lenient et enfin M. Fleury, tout en reconnaissant l'existence de retouches peu habiles et où respire un esprit calviniste, s'accordent à penser que le Ve livre est bien du même auteur que les quatre premiers.

M. Fleury (1) présente en les résumant les appréciations de chacun de ces écrivains et donne lui-même à l'appui de leur opinion et de la sienne des raisons solides, que je ne puis guère que rappeler. Il trouve, tout d'abord, un plan dans Rabelais, et il est difficile, après avoir lu les deux volumes que M. Fleury consacre à notre auteur, de ne pas avouer la réalité de ce plan. Sur celle-ci repose l'argumentation :

« L'authenticité du Ve livre ne peut être niée entièrement que par ceux qui se représentent Rabelais marchant au hasard, entassant les épisodes sur les épisodes sans un plan déterminé d'avance. Nous croyons avoir montré que ce plan existe, qu'il est très-précis, que Rabelais le suit minutieusement et ne s'en écarte jamais. Jusqu'ici tous les incidents, ceux mêmes qui paraissent insignifiants au premier abord,

(1) *Rabelais et ses œuvres*, ch. XIV.

rentrent dans ce plan et se rattachent sans exception à la même donnée fondamentale.

« Cette donnée fondamentale continue-t-elle à se développer dans le Ve livre ? A mesure que nous avançons, nous rapprochons-nous de la conclusion ? Toute la question est là. Si la conclusion est la conséquence des prémisses, la question est résolue : Rabelais est l'auteur du Ve livre, au moins pour le plan et pour l'idée.

« Eh bien, nous tâcherons de démontrer que, entre les divers épisodes qui composent ce livre, il n'en est pas un qui ne soit le développement du plan primitivement tracé. »

J'ajouterai ici une observation personnelle : imaginer que Rabelais marche au hasard, ce serait faire porter sur un tel esprit une accusation bien étrange. Rabelais n'était pas seulement un littérateur, ni même un simple érudit ; c'était un savant, et un savant encyclopédique (le mot est déjà dans son livre) (1), et la nature de ses études, comme celle de son propre génie, devait le porter à introduire de l'ordre dans ses travaux, à leur fixer un but précis, à en régler d'avance la progression et les étapes. Quel est l'écrivain de la même trempe auquel on pourrait reprocher d'avoir entrepris la rédaction d'un grand ouvrage sans en avoir déterminé l'objet et arrêté les principales lignes ? Je n'en connais point, pour ma part, et je ne vois pas quelles raisons l'on aurait de croire

(1) L. II, ch. XX. « En quoy je vous puis asseurer qu'il m'a ouvert le vray puits et abysme de encyclopedie. » Rabelais, disent à ce propos les éditeurs que nous suivons, Rabelais qu'un de ses panégyriques a qualifié «Totius Encyclopœdiœ profundissimum abyssum,» était digne d'introduire dans la langue française ce mot d'Encyclopédie, dont le dictionnaire de Littré ne cite pas d'exemple antérieur à Naudé.

que Rabelais fasse exception. Il était au contraire mieux prémuni que personne, par la tournure de son intelligence et par son éducation, contre une erreur aussi dangereuse.

Qu'il ait écrit sans préparation d'ensemble et seulement de verve les *Chroniques Gargantuines*, passe encore : c'était dans un moment de dépit et il ne voulait qu'essayer une spéculation de librairie afin de dédommager son éditeur de l'insuccès de ses publications savantes. Mais lorsqu'il reprit cette ébauche pour la continuer et la refondre, en faire l'ouvrage capital de sa vie, son testament intellectuel, son titre aux regards de la postérité, certes il dut changer de méthode, procéder avec plus de prudence, assurer autant qu'il était en lui toutes les conditions de durée au grand monument dont la construction absorba dès lors toutes ses forces.

Il est évident que Rabelais n'a pas uniquement voulu faire, au jour le jour, la caricature de son siècle, mais qu'en donnant la satire vivante de toutes choses, il a prétendu indiquer aussi, non pas toujours quel serait exactement le remède à chaque mal, — ce qui eût été d'une présomption folle, — mais dans quelle voie il lui semblait que devaient être cherchés les remèdes, — ce qui ne dépasse point le domaine des prévisions légitimes. Or, à ce point de vue, le Ve livre complète d'une façon non-seulement opportune, mais nécessaire, les éléments fournis par les quatre autres, et l'on aura plus d'une fois, dans l'Etude qui suit, l'occasion de remarquer l'unité de vues qui règne d'un bout à l'autre de l'ouvrage, et les rapports absolument logiques des principales pensées de la dernière partie avec celles des parties antérieures.

Il faut donc reconnaître un plan, tout en avouant d'ailleurs qu'il était large et élastique. A côté des chapitres prévus, beaucoup d'autres pouvaient trouver place, selon les inspirations de chaque jour. Mais enfin il y avait un plan ; l'auteur savait où il allait, et par où il voulait passer ; et s'il lui prenait fantaisie, en route, de s'arrêter à quelque station non désignée dans son projet, cela pouvait le retarder plus ou moins, mais cela ne changeait ni le but du voyage, ni l'ensemble de l'itinéraire.

—Soit ; mais le voyageur, dit-on, souvent n'a plus l'air d'être le même homme. Il était bon, indulgent, au début ; le voici maintenant âpre et agressif ; ajoutez qu'il écrit moins bien, qu'il se répète, qu'il n'a plus autant d'esprit.

— Eh ! qui donc est sûr, au bout d'une longue route, de se retrouver tel qu'il était au point de départ ? Rabelais avait vieilli. L'auteur du *Mariage de Figaro* est aussi l'auteur de la *Mère coupable*, et les personnages sont les mêmes dans les deux pièces. N'existe-t-il pas, pourtant, une différence plus sensible, au point de vue de la verve, de la gaicté et du style, entre le *Mariage de Figaro* et la *Mère coupable* qu'entre le IVe et le Ve livre ? Il y a maints passages de ce dernier dignes du meilleur temps de Rabelais.

On doit convenir cependant que l'exécution de cet ouvrage ne répond pas toujours à la conception : celle-ci en général est pleine de force et de hardiesse, et révèle une rare puissance d'imagination et de raison ; celle-là au contraire a souvent quelque chose d'excessif et d'incomplet tout à la fois, laisse voir de la violence en même temps que de la faiblesse. Cette inégalité s'explique très-bien en supposant, chose fort vraisemblable, que la conception remonte à une époque antérieure, où Rabelais se trouvait encore en pleine possession de son génie, tandis que l'exécution porte les traces du déclin de l'âge.

Aussi bien, il est manifeste qu'elle n'est pas tout entière de Rabelais. Il aura laissé un manuscrit inachevé, avec un assez grand nombre de lacunes, avec des parties indiquées plutôt que traitées ; et ses éditeurs, étrangers au respect que nous professons aujourd'hui pour les œuvres des grands écrivains, même imparfaites et seulement ébauchées, ne se seront fait aucun scrupule de corriger, de finir, d'arranger son livre, avant de l'offrir au public. Mais il me semble que ces prétendus perfectionnemeuts n'ont pu porter que sur des points de détail et tout extérieurs, si je peux ainsi dire : tels sont, par exemple, les mots qui donnent à l'ouvrage une allure de protestantisme décidé et militant, et qui évidemment ne tiennent pas au fond, sur lequel on voit très-bien qu'ils ont été plaqués après coup et d'une façon artificielle.

Il y a néanmoins, dans le fond même, plus de véhémence et d'audace, plus de colère, plus d'indignation que dans les premiers livres ; la satire n'y est plus aussi débonnaire. Cela est très-certain ; mais cela ne prouve pas que l'auteur ne puisse pas être le même. Quoi d'étonnant à ce que Rabelais ait modifié ainsi sa façon de voir les choses ? Mais les choses elles-mêmes, sous plus d'un rapport, s'étaient modifiées pareillement, avaient empiré et ne justifiaient que trop l'âpreté de ces dernières critiques. « Lorsque Rabelais a pris la plume une cinquième fois, dit M. Fleury (1), il pouvait

(1) Ouvrage cité, *loc. cit.*

bien être quelque peu surexcité et exaspéré. Il avait obtenu un privilége du roi pour faire imprimer son quatrième livre, et le parlement avait empêché la vente de l'ouvrage. Il avait espéré achever tranquillement sa vieillesse à Meudon au milieu de ses paroissiens qui l'aimaient, et jouissant du revenu de deux cures, on l'avait forcé de se démettre de toutes deux et d'aller s'établir à Paris dans un isolement relatif. Ces disgrâces tombant sur lui coup sur coup à la fin d'une longue carrière, — Rabelais avait de soixante à soixante-dix ans, — avaient bien pu l'exaspérer et donner de l'amertume à son dernier écrit. Cette explication peut suffire pour justifier l'énergie de certaines peintures satiriques, la colère, par exemple, que respire l'épisode des Chats-Fourrés... » On verra plus loin, au chapitre sur *La Justice,* quelques explications spéciales, qui se rattachent à cet ordre d'idées et qui concordent parfaitement avec celles qu'on vient de lire ici.

Ce rapide exposé suffira, je l'espère, pour montrer que je n'aurais pas pu éliminer le Ve livre sans risquer de trancher dans le vif de Rabelais et de mutiler sa pensée.

CHAPITRE I

LA POLITIQUE AU TEMPS DE RABELAIS

I

Les Faits.

La fin du XVe siècle était la fin d'un monde : le Moyen-Age avec ses châteaux-forts abritant des seigneurs plus puissants que leurs rois, avec ses cathédrales gothiques et ses peuples naïvement dévots, agenouillés au pied des autels dans l'ombre mystérieuse des hautes nefs, avec sa Sorbonne retentissant de discussions théologiques et de syllogismes scolastiques, le Moyen-Age s'écroulait tout entier. Dans toutes les parties du domaine où s'exerce l'activité de l'homme, dans tout ce que peuvent atteindre ses mains, son intelligence ou son cœur, une révolution s'opérait. Politique et religion, littérature et arts, science, commerce, richesse, mœurs publiques et privées, tout se renouvelait et se transformait ; ce n'était partout que réforme, renaissance ou démolition. L'imprimerie, qui multipliait les livres comme à l'infini et les mettait sous les yeux de tous, la révolte contre Aristote, commencée par Marcile Ficin, donnaient l'essor à la pensée. La pensée, ivre de liberté, allait toucher aux choses divines, jusque-là hors de sa portée. Les vices du clergé l'excitaient, diminuaient l'autorité de Rome et compromettaient les croyances. Brunelleschi, Bramante, puis Michel-Ange, Raphaël et Léonard de Vinci rivalisaient avec Callicrate et Ictinus, égalaient Phidias, dépassaient Appelle. Copernic découvrait le système du monde, Christophe-Colomb avait ouvert l'Amérique à la vieille Europe, changé les relations commerciales, créé la richesse mobilière. Les barrières qui parquaient tout homme dans sa condition sont rompues : la poudre à canon, sur le champ de bataille, met le chevalier au même rang que le vilain ; dans la vie civile, le négoce donne l'or, et désormais l'or donnera l'influence, qui autrefois ne pouvait venir que de la possession de la terre, apanage exclusif du noble ; tout tendait à l'égalité, qui a été le terme du mouvement.

Les intérêts nouveaux, intérêts des petites gens en train de s'agrandir, demandaient plus de sécurité que n'en offrait l'état féodal, et plus de liberté en même temps. Leur développement ne pouvait point se renfermer dans l'espace d'un fief ; ils avaient à exploiter les continents et les mers. Le pouvoir royal, substituant son action large et uniforme à l'autorité morcelée et incohérente des seigneurs, donna satisfaction à ces intérêts nouveaux. Il rendit les rapports plus sûrs et plus faciles. Il supprima autant qu'il put la liberté politique, mais il ouvrit de vastes régions à l'activité mercantile, il détruisit nombre d'obstacles qui en contrariaient l'extension et il la protégea de son mieux, heureux des ressources qu'elle apportait au service de sa propre ambition.

Henry VII en Angleterre, Ferdinand et Isabelle en Espagne, Louis XI en France mirent les rois hors de page. François Ier, venu à point, n'eût vraiment qu'à jouir d'un succès préparé par des mains plus fortes et plus habiles que les siennes. Des grandes maisons, ruinées par le compère d'Olivier le Daim et de Tristan, il ne restait qu'un seul débris, le duc de Bourbon, dont la puissance ne pouvait faire face au souverain et devait forcément disparaître. Sur un sol violemment nivelé, la Royauté se dressait seule, semblable à ces géants de Rabelais capables de manger en salade les pélerins fourvoyés chez eux. L'unité du peuple français sous le commandement d'un seul maître était un fait accompli. Depuis la mort du duc de Bourgogne, la résistance n'existait plus : « Oncques puis, dit Philippe de Comines, ne trouva le roi de France homme qui osât lever la tête contre lui ni contredire à son vouloir. » De là venaient ce bel ordre et cette soumission que les ambassadeurs de Venise admiraient sous François Ier.

« Il y a des pays plus fertiles et plus riches, tels que la Hongrie et l'Italie ; il y en a de plus grands et de plus puissants, tels que l'Allemagne et l'Espagne ; mais nul n'est aussi uni, aussi facile à manier que la France. Voilà sa force à mon avis : unité et obéissance. » Ils recherchent les causes de ce grand résultat : « Depuis quatre-vingts ans, disent-ils, le gouvernement de France ajoute toujours aux propriétés de la couronne sans rien aliéner ; les confiscations, les successions, les achats ont tellement absorbé le bien des particuliers que désormais il n'y a qu'un seul prince, Mgr d'Aumale, qui possède un revenu de vingt-cinq mille écus. Et même ceux qui possèdent des revenus et des Etats, n'en sont les maîtres pour ainsi dire qu'en *premier ressort ;* en cas de doute, on appelle au roi, qui juge de pleine autorité.... Les princes, étant pauvres, ne peuvent rien oser contre le roi, ainsi que le faisaient jadis les ducs de Bourgogne, de Normandie, de Bretagne et tant d'autres. Si quelqu'un par un mouvement irréfléchi, se hasardait à résister, comme fit le prince de Bourbon, celui-là fournirait simplement au roi l'occasion de s'enrichir encore plus par sa ruine (1). »

Des faits semblables s'étaient produits d'une façon plus ou complète, dans l'Europe presque tout entière. L'Allemagne, sous Maximilien, avait fait, mais sans beaucoup de fruit, il est vrai, des efforts dans ce sens. La Diète de Worms, en promulguant la Constitution de 1495, en créant la Chambre Impériale, qui devait punir les violations de ce pacte fondamental, ne réprima qu'à demi l'anarchie dont souffrait depuis longtemps l'Empire, et Charles-Quint lui-même, on le sait, ne put réussir à former en faisceau ces forces divisées et souvent hostiles. L'Italie aussi restait fractionnée, elle n'avait pas même, comme l'Allemagne, une Diète et un

(1) Relation de Marino Cavalli, 1546.

Empereur, une puissance capable, en un besoin, de servir de point de ralliement et d'élever un drapeau commun. Et cependant là, aussi bien qu'en Allemagne, sous la résistance apparente au mouvement qui entraînait les peuples, la révolution était faite. Les divers Etats, isolés, refusaient de s'unir les uns aux autres; mais dans l'intérieur de chacun d'eux, un seul pouvoir gouvernait tout. A Rome, tout reconnaissait l'autorité du Saint-Siége; à Naples, celle du roi, quel qu'il fût, Aragonais, Espagnol ou Français; à Venise celle du Conseil des Dix et des Inquisiteurs d'Etat. Les princes de l'Empire, pareillement, exerçaient au sein de leurs domaines un pouvoir de plus en plus fort et de moins en moins contesté.

Telle était donc la grande tendance; unité du commandement. Mais elle n'excluait pas, dans le gouvernement même, les formes les plus diverses: « Monarchie héréditaire en France et en Espagne, élective en Pologne, illimitée en Russie, constitutionnelle en Hongrie, nominale en Allemagne, théocratique à Rome, féodale dans les petits Etats Italiens: républiques oligarchiques, comme chez les Allemands, aristocratiques, comme celles de Venise et de Gênes; aristocratie militaire dans l'ordre teutonique; démocratie pure à Schwitz, Uri, Unterwald; oligarchie mercantile à Lubeck (1) ».

Si différents qu'ils soient l'un de l'autre, tous ces gouvernements se ressemblent en un point: ils sont maîtres chez eux. Plus de seigneurs assez puissants pour soulever des guerres intestines et braver le pouvoir central. La France,

(1) CANTU. *Histoire universelle.* Tome XIV. Chapitre I.

par exemple, est en paix tant que son roi ne la met pas en guerre. Elle est plus docile sous sa main que ne l'était jadis la Bretagne sous la main de son redoutable duc, car les petits hobereaux qui pouvaient harceler le duc de Bretagne n'existent pas pour François Ier dans la noblesse brillante qui suit ses chasses à Fontainebleau. Le roi est maintenant pour la France ce qu'était le duc pour sa province ; la France elle-même est pour l'Europe ce qu'était la Bretagne pour la France. La nation a remplacé le fief. Par une conséquence nécessaire tous les rapports sont agrandis. Il ne se fera plus désormais que de grandes guerres internationales. Libres de projeter au dehors toute leur attention et leur force, les gouvernements observeront les diverses parties de l'Europe; ils remarqueront que chaque Etat est comme un membre de ce grand corps et que l'un ne peut être ébranlé sans que les autres en soient émus. L'idée d'équilibre se forme (1) et la diplomatie acquiert une importance qu'elle

(1) Voici un remarquable témoignage de l'existence de cette idée dans la diplomatie du temps. « Si le roi de France n'avait pas rencontré dans sa route un prince aussi puissant et aussi bien au fait des desseins de cette couronne que l'est Charles-Quint, certes, l'Italie presque tout entière et une partie de l'Espagne, tous les Pays-Bas et quelques-uns des Etats de l'Empereur obéiraient maintenant aux fleurs de lis, et la dignité impériale appartiendrait de nouveau à la France. Mais plus les Français, aidés par leur loi salique, ont tâché de grossir les domaines de la couronne, plus l'Empereur, tantôt par les négociations, tantôt par les armes, a cherché à en détacher quelque chose et à faire en sorte que les Parlements et la nation tout entière adhérassent à ce qu'ils désiraient. De là, tant de capitulations et tant de guerres, l'Empereur visait toujours à l'abaissement de cette puissance française qui grandissait de manière que les successeurs du roi auraient bien pu devenir les maîtres de l'Allemagne, de l'Italie, de l'Espagne même. C'est pour ces motifs qu'on a amené d'abord la France à renoncer à Naples et à Milan qui passaient pour un héritage de la maison d'Anjou, que dernièrement elle a perdu ses droits sur la Flandre, la

n'avait pas et ne pouvait pas avoir plus tôt. Les petits Etats eux-mêmes reçoivent de ces dispositions nouvelles un rôle considérable dans le jeu de la politique européenne : ils servent d'appoint à celui ou à ceux qui veulent résister au plus menaçant des grands Etats.

Tel était en effet le péril de la situation pour les princes : en voyant les peuples dans leur main, devenus les instruments passifs de leur volonté toute-puissante, leur ambition devait s'animer et les pousser à la conquête. En même temps tous les freins manquaient. Une invasion du paganisme dans les esprits et dans les mœurs avait restitué toute leur force aux passions jusque-là contenues. D'où ce déchaînement de convoitises, de violences et de perfidies, qui ont fait de la fin du XVe siècle et du commencement du XVIe une des époques les plus terribles que l'histoire ait à enregistrer, et empêchent l'esprit de s'étonner devant l'horreur des guerres de religion, qui leur succède immédiatement, et devant la Saint-Barthelémy.

Le tableau de l'immoralité politique durant cette période a été présenté tant de fois qu'il suffit de la signaler. Les noms d'Alexandre VI et de César Borgia, de Ferdinand le Catholique et de Gonzalve de Cordoue, pour ne citer que les plus illustres parmi ces illustres scélérats, en disent autant que de longs récits. Il n'est personne à qui ces noms ne rappellent la trahison, le parjure quotidien, médité, érigé en règle de conduite, l'abus sans scrupule de la force et de

Bourgogne et le comté d'Artois, et que maintenant on parle d'une renonciation semblable pour la Savoie et le Piémont ». *Relation de Marino Cavalli.*

la cruauté froidement calculée. Lès noms même qui réveillent des souvenirs plus doux ne sont pas purs de honte. Léon X, cet Athénien égaré dans le palais des Papes, ce magnifique et gracieux ami des artistes et des poëtes, ne se faisait aucunement scrupule de délivrer un sauf-conduit à un cardinal qui le gênait et de l'égorger dès que, comptant sur sa parole de représentant de Jésus-Christ, il s'était remis entre ses mains. Le *roi chevalier* signait le traité de Madrid avec l'intention arrêtée de manquer à ses engagements. Dans l'opinion générale, tromper était un moyen rationnel de vaincre; cela paraissait légitime, comme aux anciens Romains d'avoir des esclaves et des gladiateurs. Le succès n'était jamais trop cher et était toujours glorieux. La conscience se faisait aux besoins de la cause. Selon les mouvements de sa politique, François Ier brûlait ou épargnait les hérétiques. Il ordonna le massacre en masse de ces infortunés Vaudois, dont les croyances avaient déjà plus de trois cents ans d'existence. D'une main il signait un traité avec l'ennemi de la chrétienté, Soliman le Victorieux, et de l'autre, sous prétexte de religion, il marquait pour la proscription une population tout entière, inoffensive et désarmée.

Avec tous ces drames, tous ces excès, tous ces crimes, le siècle se sentait puissant et destiné à enfanter une société d'une forme nouvelle, plus accomplie que la précédente, et, en dépit de terribles douleurs, il laissait percer une rude joie, dont les éclats de rire de Rabelais sont un écho venu jusqu'à nous. Un vaillant pamphlétaire allemand, Ulrich de Hutten, s'écriait : « O siècle ! les études fleurissent, les esprits se réveillent..... quel bonheur de vivre ! » Il y avait une sève débordante sous ce pêle-mêle désordonné de toutes les passions grandes ou viles, une jeunesse qui empêchait les âmes, quand elles étaient d'une certaine trempe, de se livrer au découragement, qui les maintenait pleines d'espérance en face des spectacles les plus propres à faire désespérer de tout. Il y eut des chutes ; bien des esprits, et quelques-uns même des plus nobles, se laissèrent abattre et ne voulurent plus croire au bien. Mais des mains fermes et opiniâtres continuaient à élever le flambeau de l'humanité et de la vertu, à faire briller aux yeux le signe d'un avenir plus pur et plus beau.

Si, parmi ceux qui ont joué ce rôle, il s'en trouve un qui aime à se répandre en saillies folles, en gaietés indiscrètes, en railleries grossières ou violentes, sa bouffonnerie, même indécente, vaut mieux que la tristesse réservée et la froide gravité de ceux qui n'ont pas pu soutenir la lutte et qui ont rendu leur âme au mal. Il lui sera beaucoup pardonné pour avoir beaucoup espéré.

II

Les Idées.

Quelles pouvaient donc être les pensées de l'écrivain et du philosophe dans cette époque étrange, monstrueuse, où tant de mal éclatait partout, où tant de bien quelquefois perçait et plus souvent demeurait caché, enfoui comme un germe fécond sous un limon noir et infect ?

Les uns, frappés surtout des crimes et des vices, jugeant l'homme corrompu sans remède jusque dans son fond le plus intime, accablés, renoncèrent à toute résistance. Ils ne cherchèrent point à redresser les faits, à changer les mœurs. Ils n'offrirent point de belles théories à un monde qu'ils n'estimaient pas capables de vivre hors de la fange. Ils étudièrent ce qui se passait, sans sortir de la réalité, sans y introduire un idéal dont ils n'y découvraient nulle trace, et de cette étude tirèrent des lois qui seraient la honte de leur génie, si elles n'étaient plus encore celle du temps.

Machiavel est le type de ce genre d'esprits. Il conçoit le bien, il l'approuve, mais il n'ose le croire efficace, et il se rejette, non sans larmes, non sans retours, (1) vers le mal.

« *Il y a si loin de la manière dont on vit à celle dont on devrait vivre*, que celui qui laisse ce qu'on fait pour ce qu'on devrait faire apprend à se ruiner plutôt qu'à se préserver ; car il faut qu'un homme qui veut s'aviser d'être tout-à-fait bon, au milieu de tant d'autres qui ne le sont pas, périsse tôt ou tard. » (2) Et ailleurs : « Vous devez savoir qu'il y a deux manières de combattre, *l'une avec le droit, l'autre avec la force. La première est celle des hommes ; la seconde est celle des bêtes.* Mais comme souvent la première ne suffit pas, il faut recourir à la seconde. » (3) Sur quoi il enseigne

(1) « La réhabilitation de Machiavel, si elle est possible, est dans une généreuse inconséquence, dans un élan de cœur héroïquement et incroyablement naïf chez un tel homme. La main qui venait de signer la dédicace du livre *du Prince* écrit aux Médicis, à Léon X, pour les conjurer de rétablir la liberté à Florence. » Henri MARTIN : *Histoire de France*, Tome VII, Livre XLVI.

(2) *Le Prince.* — Chapitre XV.

(3) *Le Prince.* — Chapitre XVIII.

le parjure, parce que le prince qui fait la bête doit faire tantôt le lion et tantôt le renard. « *Si les hommes étaient bons,* répète-t-il encore, ce précepte serait mauvais : mais comme ils sont méchants, comme il s'en faut beaucoup qu'ils tiennent leur parole, tu ne dois pas non plus tenir la tienne. »

On voit quel sentiment amer et quelle douloureuse conviction l'ont amené à réduire en maximes, en système, en « une sorte d'évangile du crime » (1) tout ce qu'ont pratiqué César Borgia, Louis XI, Ferdinand le Catholique et les petits tyrans italiens tels qu'Oliveretto da Fermo, dont il raconte complaisamment, dont il loue, comme un coup d'Etat exécuté dans toutes les règles, l'abominable parricide (2). L'ouvrage qu'il a écrit ainsi est le code de la tyrannie intelligente, impitoyable, sans autre frein que son intérêt.

Il faut dire, si l'on veut être juste envers ce grand nom de Machiavel, que le livre *du Prince*, si horrible qu'il soit, exprime pourtant une intention dont l'auteur a droit de se faire gloire, celle de relever sa patrie, n'importe à quel prix, mais enfin de la relever, de l'unifier et de la rendre puissante. C'est pour accomplir cette grande œuvre que ses vœux appellent un tyran, mais pourvu de courage et de génie, et qu'il lui vient tracer d'avance, à travers le sang et la honte, une route vers la possession de la péninsule tout entière.

« Il est temps que l'Italie, après de si longues souffrances,

(1) Henri Martin. — Tome VII, Livre XLVI.

(2) *Le Prince.* — Chapitre VIII.

voie enfin paraître son libérateur. Je ne puis exprimer avec quel amour, avec quelle ardeur de vengeance, avec quelle tendresse, avec quelles larmes il serait reçu dans toutes les provinces qui ont tant souffert de l'invasion étrangère..... Chacun est dégoûté de cette domination barbare. » (1)

Voilà le but. Or, dit-il d'autre part : « lorsqu'il s'agit du salut de la patrie, le citoyen ne doit tenir aucun compte de justice ou d'injustice, ni de pitié, ni de cruauté, ni de gloire, ni de honte ; mais laissant de côté toute préoccupation, il faut que la patrie soit sauvée, avec honneur ou avec ignominie (2). »

Dans cette âme ulcérée, il reste, comme religion, l'amour de la patrie, comme morale, la raison d'Etat. (3).

Ainsi un homme comme Machiavel, qui avait servi la République, tandis que l'astre des Médicis souffrait une assez longue éclipse, qui avait conspiré plus tard en faveur de la liberté et soutenu bravement la torture, finit par succomber sous le poids de l'iniquité du siècle et par prendre un César Borgia pour sujet de son admiration.

Les mêmes causes qui l'ont porté là produisent un effet tout contraire sur des esprits autrement faits et les amènent à demander le terme des excès des princes par la suppression

(1) *Le Prince.* — Chapitre XXVI.

(2) Discours de Tite-Live, Livre II, Chapitre XLI.

(3) Il est sans doute plus excusable que celui qui n'a pas craint de dire, lui aussi à ses compatriotes, mais en plein XIXe siècle et dans des conditions tout autres : « Vous n'arriverez à l'unité que par une politique de fer et de sang. »

des princes mêmes. Les exemples tels que celui d'Oliveretto faisant égorger à table son oncle, qui l'avait élevé, et tous les magistrats de Fermo, avaient converti Machiavel, en le terrassant, au despotisme. Montmorency noyant dans le sang, au nom de Henri II et de Diane de Poitiers, Bordeaux révolté contre une taxe vexatoire (1548) ; faisant périr en un mois, par des supplices recherchés, plus de cent quarante personnes, rouées, empalées, démembrés à quatre chevaux, brûlées vives, maillotées ; privant la ville à perpétuité de « tous priviléges, franchises, libertés, immunités, maison de ville, jurades et conseils, cloches, justice et juridiction, » convertit à la République, par la force de l'indignation, l'âme généreuse de la Boétie.

« Il a entendu les cris des femmes et des enfants fuyant devant la soldatesque ; il a vu les confiscations, les emprisonnements, les pendaisons sans jugement, tout un peuple hébété de terreur, baisant la main de son bourreau ; et le cœur navré, blessé dans sa dignité d'homme, de Français, de chrétien, il se demande quel pacte a livré ainsi à un seul tout ce troupeau de bétail humain. » (1) Il admire comment cela se peut, quel cœur ont les hommes de le souffrir : « Souffrir les pilleries, les paillardises, les cruautés, non pas d'une armée, non pas d'un camp barbare, contre lequel il faudrait défendre son sang et sa vie devant, mais d'un seul ; non pas d'un Hercule ni d'un Samson, mais d'un seul hommeau, et le plus souvent le plus lâche et féminin de la nation ; non pas accoutumé à la poudre des batailles, mais

(1) Lenient. *La satire en France* (au XVIe siècle). Livre III, Chap. II.

encore à grand'peine au sable des tournois ; non pas qui puisse par force commander aux hommes, mais tout empêché de servir vilement à la moindre femmelette. » (1)

D'où vient donc une telle servitude ? Par quels moyens s'est-elle fondée ? Par l'ineptie et la lâcheté du peuple. « Celui qui vous maitrise tant n'a que deux yeux, n'a que deux mains, n'a qu'un corps. » Ce qu'il a de plus que tous les autres, « c'est l'avantage que vous lui faites pour vous détruire. D'où a-t-il pris tant d'yeux dont il vous épie, si vous ne les lui donnez ? Comment a-t-il tant de mains pour vous frapper, s'il ne les prend de vous ? Les pieds dont il foule vos cités, d'où les a-t-il, s'ils ne sont les vôtres ?..... Que vous pourrait-il faire si vous n'étiez recéleurs du larron qui vous pille, complices du meurtrier qui vous tue, et traîtres de vous-mêmes ?..... Soyez résolus de ne servir plus, et vous voilà libres. Je ne veux pas que vous le poussiez ni le branliez, mais seulement ne le soutenez plus, et vous le verrez, comme un grand colosse à qui on a dérobé la base, de son poids même fondre en bas, et se rompre. » Il est vrai ; mais le pli est pris, la nature humaine est faussée, et vainement ces paroles ardentes sonneront aux oreilles de la foule ; elle n'aura ni l'intelligence ni le courage d'ôter son épaule et de laisser choir le piédestal sur lequel est assis le tyran.

Toutefois, si abêtis que puissent être les hommes, « toujours en demeure-t-il quelques-uns mieux nés que les autres, qui sentent le poids du joug et ne s'apprivoisent jamais à la sujétion. » Ceux-là n'admettent sous aucune

(1) *Le Contr'un.*

forme le gouvernement de tous par un seul. « Il y a trois sortes de tyrans : les uns ont le royaume par élection du peuple ; les autres, par la force des armes ; les autres par la succession de leur race. Ceux qui l'ont acquis par le droit de la guerre s'y portent ainsi qu'en terre de conquête. Ceux qui naissent rois ne sont guère meilleurs..... ils tirent avec le lait la nature du tyran et font état des peuples qui sont sous eux comme de leurs serfs héréditaires. » Le prince qui règne par élection devrait être plus supportable ; mais d'ordinaire, il se propose de faire passer à ses enfants la puissance qu'on lui a confiée et dès lors « c'est chose étrange, de combien il passe, en toutes sortes de vices les autres tyrans. Ainsi, pour dire la vérité, je vois bien qu'il y a entre eux quelque différence, mais de choix, je n'en vois point, et, étant les moyens de venir aux règnes divers, toujours la façon de régner est quasi semblable. »

Le *Contr'un* manque d'une conclusion pratique ; un appel à Dieu le termine ; l'homme d'Etat demande autre chose. Ce livre est un signe éclatant de cette tendance d'esprit si fréquente dans la race française qui néglige les circonstances et qui s'élève du premier bond aux principes les plus généraux. Rien n'y rappelle les conditions de temps et de lieu où il fut fait, et, si l'on ne savait pas qu'il date de l'année du sac de Bordeaux, on pourrait le prendre pour la déclamation d'un esprit vigoureux et fier qui s'anime, par des raisonnements, contre l'idée du despotisme, contre une idée abstraite, et non pas contre un fait qui vient de le toucher, ni pour un peuple qu'il voit souffrir.

Entre ces deux extrêmes. le *Prince* et le *Contr'un*, il y a un vaste espace pour les esprits plus modérés.

Montaigne, l'ami enthousiaste de La Boétie, qu'il appelle « le plus grand homme du siècle, » flotte indécis de l'un à l'autre et s'arrête dans la soumission extérieure au pouvoir établi. « La domination populaire » lui semble « la plus naturelle et équitable. » (1) Quand il parle de La Boétie et dit « qu'il eut mieux aimé être né à Venise qu'à Sarlat, » il ajoute « et avec raison. » (2) Mais quand on a des rois, il faut « les souffrir patiemment, » même « indignes, » (3) sauf à les estimer intérieurement ce qu'ils valent. Au reste, « leur profession » même les oblige souvent à mal faire avec d'excellentes intentions. Laissons-les agir, eux et leurs ministres, s'ils en ont le courage. « En toute police il y a des offices nécessaires, non-seulement abjects, mais encore vicieux : les vices y trouvent leur rang et s'emploient à la couture de notre liaison, comme les venins à la conservation de notre santé. S'ils deviennent excusables, d'autant qu'ils nous font besoin, et que la nécessité commune efface leur vraie qualité, il faut laisser jouer cette partie aux citoyens plus vigoureux et moins craintifs, qui sacrifient leur honneur et leur conscience comme ces autres anciens sacrifièrent leur vie pour le salut de leur pays.... Le bien public requiert qu'on trahisse et qu'on mente, et qu'on massacre ; résignons cette commission à gens plus obéisssants et plus souples. » (4) La morale et la politique ont donc fort peu de rapports

(1) *Essais*. Livre 1, Chapitre III.
(2) *Essais*. Livre I, Chapitre XXVII.
(3) *Essais*. Livre I, Chapitre III.
(4) *Essais*. Livre III, Chapitre I.

ensemble. Quant à vouloir les rapprocher et amender l'état des choses, c'est une entreprise non-seulement chimérique, mais dangereuse. Montaigne n'attend rien d'une réforme que « l'empirement » de ce qu'elle touchera.

Erasme qui avait dejà un peu du scepticisme de Montaigne et toute la prudence de Rabelais, (2) balance comme l'auteur des *Essais* et va aussi de la liberté, qu'il exhalte théoriquement, à la résignation passive, qu'il estime plus sage en pratique, quels que soient les gouvernements.

Dans les *Adages*, l'apologue de l'aigle et de l'escarbot est une attaque violente contre la royauté, représentée par l'aigle, qui n'est « ni beau, ni musical, ni bon à manger, mais carnassier, pillard, destructeur, batailleur, solitaire, haï de tous, fléau de tous. »

Dans l'*Eloge de la Folie*, « si quelqu'un, dit-il, s'avisait d'ôter les marques, sous le monarque dépouillé de sa couronne apparaîtrait un faquin. » Et un peu plus loin : « Leur métier de roi se borne, pour eux, à chasser sans trève ni cesse, à monter de superbes chevaux, à vendre chèrement à leur profit les charges et les magistratures, et surtout à trouver de nouveaux moyens d'enlever les biens de leurs sujets pour en remplir leur trésor..... Ils ne connaissent pas d'autre loi que leur caprice et leur convenance. » Erasme fait dire par un sage « au noble tout fier de son blason : — Tu n'es qu'un bâtard et qu'un roturier, car tu n'as pas ombre de vertu ; et sans vertu, qu'est-ce que c'est que ta noblesse ? »

(2) « Je n'avais pas dessein de courir risque de la vie pour la vérité. — Odi veritatem seditiosam. » *Maximes d'Erasme.*

« Jusques au feu exclusivement. » *Maximes de Rabelais.*

Mais chez lui, ce ne furent là, pour ainsi dire, que des accès qu'il apaisa par cette pensée : « On doit tout souffrir plutôt que de troubler l'État où l'on est, de peur de le rendre pire. Il est d'une piété réelle de ne dire la vérité ni en tout temps, ni en tout lieu, ni toute entière partout. » Les excès des anabaptistes le ramenèrent définitivement au respect des despotismes établis et des abus invétérés.

Les effervescences de pensée, les doutes, les questions hasardeuses, peu à peu passaient du cerveau des gens de lettres et des publicistes dans la tête du bourgeois des villes et même dans celle du paysan.

On les verra paraître au jour dans Paris, au moment de la Ligue, exciter la verve des prêcheurs et armer le bras des régicides.

On les trouvera dans les campagnes, dans des tentatives de révolte contre les priviléges des nobles. Les ministres de la Réforme, à en croire Montluc, annonçaient publiquement « que si les catholiques se mettaient de leur religion, ils ne paieraient aucun devoir aux gentilshommes, ni au roi aucune taille, que celle qui lui serait ordonnée par eux ; autres prêchaient que les rois ne pouvaient avoir aucune puissance que celle qu'il plaisait au peuple ; autres prêchaient que la noblesse n'était rien plus qu'eux ; et de fait, quand les procureurs des gentilshommes demandaient les rentes à leurs tenanciers, ils leur répondaient qu'ils leur montrassent dans la Bible s'ils les devait payer ou non, et que, si leurs prédécesseurs avaient été sots et bêtes, ils n'en voulaient point être. »

Cependant des esprits fermes et droits, dès la fin du

XVe siècle, avaient reconnu la vérité, à la fois logique et pratique, et l'avaient formulée nettement.

Comines, l'historien et l'admirateur de Louis XI, blâme hautement le défunt roi (c'était à la veille des Etats de 1484), de n'avoir pas suivi ce principe « qu'il n'est roi ni seigneur sur terre qui ait pouvoir de lever un denier sur ses sujets en sus des revenus de son domaine, sans l'octroi et le consentement des peuples. » Il remarque « qu'en Angleterre, les rois ne peuvent rien entreprendre de grand ni lever des subsides sans assembler le parlement, qui vaut autant à dire comme les Trois-Etats, qui est chose juste et sainte. » Ce sont des gens « de petite condition et de petite vertu » qui voient un crime de lèse-majesté dans le fait de demander les Etats, une menace de diminution pour l'autorité légitime du trône. (1) Evidemment, il pense, tout au contraire, ce qu'écrira en 1551, l'ambassadeur de Venise à Londres : « Les parlements, lorsqu'ils sont faits légalement, sont aptes à apaiser tout tumulte et toute sédition ; ils sont utiles et sûrs, commes choses qui sont œuvres de l'avis et du consentement de tous et parce qu'ils font du pouvoir royal et absolu un pouvoir légitime et régulier devant lequel tout homme est libre. » (2)

Dans ces Etats-Généraux, même de 1484, dont Comines était partisan, Philippe de Pot, sire de la Roche, et grand sénéchal de Bourgogne, sans attaquer la royauté, prononça de mémorables paroles en faveur du droit du peuple, et,

(1) *Mémoires* de Comines. Livre V, Chapitre XIX.

(2) *Relation* de Daniel Barbaro.

encore qu'elles soient bien connues, il convient de les rappeler ici : « La royauté, dit-il, est une fonction, non pas seulement un héritage .... L'histoire nous enseigne, et j'ai appris de mes pères, qu'au commencement les rois furent créés par la volonté du peuple souverain (*populi rerum domini suffragio*). On élevait au rang suprême les plus vaillants et les plus sages, et chaque peuple élisait ses chefs pour son utilité. Les princes doivent enrichir la *République*, et non s'enrichir à ses dépens. La *République* signifie la chose du peuple : qui peut contester au peuple le droit de prendre soin de sa chose, et comment les flatteurs osent-ils attribuer le pouvoir absolu au prince, qui n'existe que par le peuple ? Quiconque possède par force ou autrement, sans le consentemement du peuple, le gouvernement de la chose publique, n'est qu'un tyran et un usurpateur du bien d'autrui..... J'appelle peuple, non la plèbe, mais les Trois Etats réunis, et j'estime les princes eux-mêmes compris dans les Etats-Généraux, ils ne sont que les premiers de l'ordre de la noblesse. » (1)

C'est sur ce terrain que nous trouverons Rabelais, au nombre de ceux qui ne déclarent point, de parti pris, la guerre aux princes, mais qui n'oublient point la nation, ni ses intérêts, ni ses droits.

(1) Relation de J. Masselin.

CHAPITRE II

RABELAIS DANS SON SIÈCLE

On vient de retracer à grands traits l'ensemble d'idées et de faits politiques au sein desquels Rabelais fut jeté. Il reste à rechercher quelle place lui avait été assignée, et s'il fut en état de bien voir autour de lui et de bien juger, de pénétrer à fond les choses et de prendre leçon des événements.

Il n'y a plus lieu de faire justice des fables qui ont transformé la vie du curé de Meudon en légende non moins mirifique et incroyable que la vie de Gargantua. Sous le bouffon de bas étage, sous l'ivrogne grossier et bestial que ces inventions nous montraient, on a retrouvé le savant et l'homme du monde, sinon le prêtre. Au reste, le peu que nous possédons aujourd'hui de sa correspondance aurait suffi à révéler la vérité sur sa personne (1). Nous trouverons là tout ce qui offre, pour cette étude, un intérêt spécial.

Rabelais a approché des grands et les a observés de très-près ; il s'est glissé dans les coulisses du théâtre politique, il a étudié curieusement les ressorts secrets qui faisaient mouvoir les décors et les personnages.

Les Franciscains de Fontenay-le-Comte, au milieu desquels il passa une quinzaine d'années, travaillèrent eux-mêmes, en le persécutant, à le rejeter dans le monde. « Dans notre abbaye, dit frère Jean, nous n'étudions jamais, de peur des auripeaux. » Rabelais qui étudiait sans cesse et qui, circonstance aggravante, étudiait le grec, langue diabolique, ne pouvait manquer d'être mis en suspicion par les moines. A la fin une perquisition fut faite dans sa cellule, et ses livres, saisis. On y trouva peut-être, mêlés aux ouvrages des anciens, quelques écrits théologiques et politiques d'Erasme. Mis au secret, Rabelais s'évada et recourut utilement à la protection des amitiés puissantes qu'il avait su nouer du fond de son couvent.

Geoffroy d'Estissac, évêque de Maillezais à vingt-trois ans, grand seigneur érudit et libéral, le recueille, l'attache à sa

(1) Le portrait de Rabelais fut placé, en son temps, parmi ceux des professeurs de la Faculté de Montpellier. Il paraît que ce portrait existe encore et représente bien l'homme que nous nous figurons. « Rabelais a sur ce portrait un port noble et majestueux, un visage régulier, le teint frais et fleuri, une belle barbe d'un blond doré, une physionomie spirituelle, des yeux pleins de feu et de douceur à la fois, et un air gracieux, quoique grave et réfléchi. » V. FLEURY, *Rabelais et ses œuvres*, ch. III, § 5.

personne, d'abord comme prêtre séculier, puis comme secrétaire. Ils se connaissaient de longue date, et c'était cet évêque qui communiquait sans scrupule au trop savant franciscain les produits compromettants des presses de Henri Estienne et même des presses italiennes et allemandes; il avait donc fort bien pu être pour quelque chose dans la disgrâce de Rabelais, s'il est permis d'appeler disgrâce l'événement qui le rendit au siècle.

Rabelais passe du château de Ligugé, résidence de d'Estissac, au château de Glatigny, résidence des frères du Bellay. Admis dans leur intimité, il trouva aide et secours près d'eux toute sa vie et leur voua, en retour, une reconnaissance qui ne se démentit jamais. La famille du Bellay était une des familles considérables du royaume. L'aîné des quatre frères, Guillaume, seigneur de Langey, se distingua comme capitaine, comme diplomate, comme historien, et fut vice-roi de Piémont pendant six ans. Le second, Jean, évêque de Paris, devint cardinal, fut successivement ambassadeur en Angleterre et en Italie, à Rome, puis lieutenant-général en Picardie et en Champagne. Des deux autres frères, l'un eut la lieutenance-générale de Normandie, et l'autre l'évêché du Mans. Rabelais les connut tous, mais s'attacha particulièrement aux deux premiers.

C'est comme médecin de Jean du Bellay qu'il alla à Rome au commencement de 1534 et qu'il y retourna de 1535 à 1537. C'est pour rejoindre Guillaume à Turin qu'il traversa une troisième fois les monts en décembre 1539; il résulte des correspondances de Boyssonné et de Guillaume Pélicier, qu'il passa à Chambéry le 18 décembre de cette année et qu'il était à la cour du seigneur de Langey en juillet et en octobre de l'année suivante (1). Demeura-t-il en Italie jusqu'en 1543 ? on ne peut l'affirmer ; mais il s'y trouvait à cette date et il accompagnait Guillaume rentrant en France, quand ce brave seigneur mourut à Saint-Symphorien, près de Lyon. Enfin, en 1549, Rabelais reparaît une dernière fois à Rome, fidèle à Jean du Bellay, qui était tombé en disgrâce après l'avènement de Henri II et avait cherché un refuge près du pape.

Une bonne part de la vie de Rabelais s'est donc passée dans la compagnie de ces hommes illustres, qui tenaient une grande place dans l'Etat et étaient chargés des affaires les plus importantes. Nommons à côté d'eux Georges d'Armagnac, évêque de Rodez, puis ambassadeur à Venise et à Rome, cardinal, archevêque de Toulouse et d'Avignon, et Guillaume Pélicier, évêque de Narbonne, puis de Maguelonne et de Montpellier, qui remplaça d'Armagnac comme ambassadeur à Venise : ils étaient amis de Rabelais, ils l'honoraient de leur estime et de leur confiance.

Les lettres de Guillaume Pélicier en font foi ; c'est presqu'avec déférence qu'il écrit « à M. le docteur Rabelais. » S'il a fait une dépêche pour Turin et qu'il n'y ait rien mis pour Rabelais, faute de temps, il s'excuse ; s'il envoie son maître d'hôtel au pays, « il ne veut pas le laisser passer sans présenter à Rabelais ses bonnes et affectueuses recommandations et faire offre qu'il n'épargne aucunement tout ce qu'il connaîtra être commode en sa maison tant pour M. de Langey que pour lui. »

(1) Voyez RATHERY. *Notice biographique sur Rabelais*, page 45.

Nous avons diverses preuves de la dignité avec laquelle vivait Rabelais au milieu de tous ces seigneurs. L'une des plus curieuses a été mise en lumière pour la première fois par M. Rathery ; elle révèle le crédit et la considération dont Rabelais jouissait auprès de la noblesse italienne. « Il me souvient, dit le voyageur Thevet, qui se trouvait à Rome en même temps que lui, que, contemplant certaines antiquités à la cour et jardin d'un seigneur romain, on me cuyda outrager, disant que j'étais trop hardi, et que par aventure j'étais un espion ; mais, étant ledit seigneur averti par Rabelais, qui a tant fait depuis parler de lui, de ma curiosité et voyages par moi faits, lors j'eus entrée de toutes parts (1). »

Mais c'est dans les lettres mêmes de Rabelais à Geoffroy d'Estissac qu'il faut chercher les informations les plus sûres et les plus précises sur la situation de leur auteur. De ces lettres, en effet, il résulte avec évidence que Rabelais était admirablement placé pour observer les hommes et les choses de son époque. C'est à lui que l'évêque de Maillezais demandait des nouvelles authentiques de la cour de Rome, de toutes les intrigues politiques dont l'Italie était alors le théâtre privilégié. Rabelais n'ignorait rien et ne se payait point d'apparences ; ses renseignements sont de première main et ses jugements sont d'un homme qui a vu les joueurs et les cartes. Le ton de ses lettres, quoique libre et familier, sent plutôt le diplomate que le moine. Il s'élève à de certains moments jusqu'à rappeler, toutes proportions gardées, ces belles relations des ambassadeurs de Venise, si riches

(1) Thevet. *Cosmographie*, tome II, page 732.

en détails précieux sur les grands Etats européens et en vues assez pures de préjugés pour nous étonner encore aujourd'hui.

On en jugera par les extraits suivants que je ne craindrai pas de donner un peu nombreux et un peu longs; car jusqu'ici, à ma connaissance du moins, ce côté de Rabelais, extrêmement intéressant, n'a pas été dignement mis en lumière.

Les débris de sa correspondance parvenus jusqu'à nous datent de son second séjour à Rome. Le grand événement, à la fin de 1535 et au début de 1536, c'était le voyage de Charles-Quint en Italie. Princes, cardinaux, seigneurs, députés des villes, chacun se pressait autour de lui, chacun le sollicitait, qui pour la reconnaissance d'un droit, qui pour le redressement d'une injure, qui pour la sanction d'une usurpation, ceux-ci pour obtenir de rentrer dans leur patrie, ceux-là pour maintenir les décrets d'exil. Ce fut dans la péninsule entière un immense mouvement, une mêlée ardente de tous les intérêts opposés, qui vinrent se livrer bataille autour d'un seul homme, arbitre souverain du sort des particuliers et des Etats.

« Le Saint Pere, par election du Consistoire, a envoyé par devers luy (à Naples) deux légatz savoir est le cardinal de Senes (Sienne) et le cardinal Cesarin. Depuis, y sont d'abondant allés les cardinaux Salviati et Rodolphe, et Mgr de Saintes avec eux. J'entends que c'est pour l'affaire de Florence, et pour le differend qui est entre le duc Alexandre de Médicis et Philippe Strozzi, duquel vouloit ledit duc confisquer les biens, qui ne sont petits : car, après les

Fourques de Auxbourg en Allemagne, il est estimé le plus riche marchand de la chrestienté. Et avoit mis gens en ceste ville (Rome) pour l'empoisonner ou tuer, quoy que ce fust. De laquelle entreprise adverty, impetra du pape de porter armes. Et allait ordinairement accompagné de trente soldars bien armés à point. Ledit duc de Florence, comme je pense, adverty que ledit Strozzi, avec les susdits cardinaux, s'étoit retiré par devers l'Empereur, et qu'il offroit audit Empereur quatre cent mille ducatz pour seulement commettre gens qui informassent sur la tyrannie et meschanceté dudit duc, partit de Florence, constitua le cardinal Cibo son gouverneur et arriva en ceste ville le lendemain de Noël sur les vingt et trois heures..... » Le duc Alexandre ne fait que coucher à Rome et repart le lendemain pour Naples. Ce commencement de récit est dans une lettre du 30 décembre 1535.

Le 28 janvier 1536, Rabelais reprend l'histoire : « Je n'ay encore baillé vos lettres à M. de Saintes, car il n'est retourné de Naples où il étoit allé avec les cardinaux Salviati et Rodolphe : dedans deux jours, doit icy arriver... J'entends que leurs affaires n'ont eu expédition de l'Empereur telle comme ils espéroient, et que l'Empereur leur a dit péremptoirement qu'à leur requeste et instance, ensemble du feu pape Clement leur allié et proche parent, il avoit constitué Alexandre de Médicis duc sur les terres de Florence et de Pise, ce que jamais n'avoit pensé faire, et ne l'eust fait. Maintenant, le déposer, ce seroit acte de basteleurs, qui font le fait et le défait. Pourtant qu'ilz se deliberassent le recognoistre comme leur duc et seigneur et lui obeissent comme vassaux et subjectz, et qu'ilz n'y fissent faute. Au regard des plaintes qu'ils faisoient contre ledit duc, qu'il en recocgnoistroit sur le lieu..... Ainsi s'en retournent lesdits cardinaux, ensemble M. de Saintes, Strozzi et quelques autres, *re infectà.* »

Le 15 février, nouveaux et derniers détails. M. de Saintes avait prolongé son séjour à Naples, mais inutilement : « Ni luy, ni les cardinaux Salviati et Rodolphe, ni Philippe Strozzi avec ses escutz, n'ont rien fait envers l'Empereur de leur entreprise, combien qu'ilz luy aient voulu livrer, au nom de tous les forestiers et bannis de Florence, un million d'or du comptant, pour achever la *Rocqua*, commencée en Florence, et l'entretenir à perpetuité aux garnisons competentes au nom dudit Empereur et, par chacun an, lui payer cent mil ducatz, pourvu et en condition qu'il les remist en leurs biens, terres et liberté première. Au contraire, le duc de Florence a esté de lui très-honorablement reçu et, à sa prime venue, l'Empereur sortit au devant de lui et, *post manûs oscula*, le fit conduire au chasteau Capouan en ladite ville, auquel est logée sa bastarde et fiancée audit duc de Florence, par le prince de Salerne, vice-roi de Naples, marquis de Vast, duc d'Albe et autres principaux de sa cour : et la parlementa tant qu'il fut avec elle, la baisa et souppa avec elle... »

Passons au duc de Ferrare, Hercule II, fils aîné d'Alphonse Ier et de Lucrèce Borgia, qui avait succédé à son père en octobre 1534.

« Aujourd'huy matin est retourné icy (à Rome), le duc de Ferrare, qui estoit allé par devers l'Empereur à Naples. Je n'ay encore sceu comment il a appointé touchant l'investiture et recocgnoissance de ses terres ; mais j'entends qu'il n'est pas retourné fort content dudit Empereur. Je me doute qu'il sera contraint mettre au vent les escuz que son feu pere luy laissa, et que le Pape et l'Empereur le plumeront à leur vouloir, mesmement qu'il a refusé le party du roy après avoir dilayé d'entrer en la ligue de l'Empereur plus de six mois, quelques remontrances ou menaces qu'on luy ait faites de la part dudit Empereur. De fait, M. de Limoges qui était à Ferrare ambassadeur pour le roy, voyant que ledit duc, sans l'advertir de son entreprise, s'estoit retiré vers l'Empereur, est retourné en France. Il y a danger que Madame Renée (c'était Renée de France, deuxième fille de Louis XII, qui avait épousé le duc en 1527) en souffre fascherie. Ledit duc lui a osté Madame de Soubise, sa gouvernante, et la fait servir par Italiennes, qui n'est pas bon signe. » Cette note est du 30 décembre 1535. Six semaines plus tard, le 15 février 1536, Rabelais la complète ainsi : « Madame Renée est accouchée d'une fille... » Quant au duc, « il n'a pu accorder avèc le Pape parce qu'il luy demandoit excessive somme d'argent pour l'investiture de ses terres, nonobstant qu'il avait rabattu cinquante mille escuz pour l'amour de ladite dame (Renée de France) et ce par la poursuite de MM. les cardinaux du Bellay et de Mascon, pour tousjours accroistre l'affection conjugale dudit duc de Ferrare envers elle. Et ce estoit la cause pourquoy Lyon Jamet estoit venu en ceste ville ; et ne restoit plus que quinze mille escuz. Mais ilz ne purent accorder parceque le Pape vouloit qu'il recocgnust entierement tenir et posseder toutes ses terres en féode du Siege apostolique. Ce que l'autre ne vouloit et n'en voulut recocgnoistre, sinon celles que son pere avoit recocgneu et ce que l'Empereur en avoit adjugé à Bologne par arrest du temps du feu pape Clement. Ainsi départit *re infectà* et s'en alla vers l'Empereur, lequel lui promit que, à sa venue, il feroit bien consentir le Pape venir au point contenu en son dit arrest, et qu'il se retirast en sa maison, lui laissant ambassade pour solliciter l'affaire quand il seroit de par deçà, et qu'il ne payast la somme jà convenue sans qu'il fust de luy entierement adverti. La finesse est en ce que l'Empereur a faulte d'argent et en cherche de tous costés, et taille tout le monde qu'il peut et en emprunte de tous endroits. Luy, estant icy arrivé, en demandera au Pape, c'est chose bien evidente, car il luy remontrera qu'il a fait toutes ces guerres contre le Turc et Barberousse pour mettre en seureté l'Italie et le Pape et que force est qu'il y contribue. Ledit Pape respondra qu'il n'a point d'argent et lui fera preuve manifeste de sa pauvreté. Lors l'Empereur, sans qu'il débourse rien, luy demandera celuï du duc de Ferrare, lequel ne tient qu'à un *fiat*. Et voylà comment les choses se jouent par mystères. »

Un autre grand personnage vint à Rome vers le même temps, le tyrolien Bernard de Glos, cardinal, évêque et prince de Trente. Il y apportait de graves et prophétiques paroles dont le pape ne tint compte, mais qui ne manquèrent point de frapper l'esprit de Rabelais.

« J'entends qu'il cherche fort la paix et appointement par toute la chrestienté, et le concile en tout cas. J'étais présent quand il dist à M. le cardinal du Bellay : « Le Saint Père, les cardinaux, évesques et prélatz de l'Eglise reculent au concile et n'en veulent ouyr parler, quoiqu'ils en soient semonds du bras seculier : mais je voiz le temps près et prochain que les prélatz d'Eglise seront contraints le demander et les seculiers n'y voudront entendre. Ce sera quand ilz auront tollu de l'Eglise tout le bien et patrimoine, lequel ils avoient donné du temps que, par frequens conciles, les ecclesiastiques entretenoient paix et union entre les seculiers. »

Cette prédiction est consignée dans la lettre du 15 février 1536. Neuf ans après, en 1545, elle était accomplie ; le concile de Trente se réunissait, mais les princes protestants qui, dans l'intervalle, s'étaient approprié les biens de l'Eglise, trouvaient à propos de les garder, et leurs Etats ne furent point représentés dans cette assemblée.

Le passage suivant se rapporte à la révolte de Genève, soutenue par François Ier, contre le duc de Savoie. Ce prince, après avoir été l'ami de la France, s'était tourné du côté de l'Autriche. « Monseigneur, il y a trois jours qu'un des gens de Crissé est icy arrivé en poste et porte advertissement que la bande du seigneur Rance, qui estoit allé au secours de Genève, a esté défaite par les gens du duc de Savoye. Avec luy venoit un courrier de Savoye qui en portes les nouvelles à l'empereur. Ce pourroit bien estre *seminarium futuri belli*. Car voluntiers ces petites noises tirent après soy grandes batailles, comme est facile à voir par les antiques histoires tant grecques que romaines, et françoises aussi. » La lettre est du 30 décembre 1535, et trois mois plus tard, le 5 avril 1536, éclatait la guerre ainsi annoncée entre François Ier et Charles-Quint.

Voici qui regarde l'administration de la justice : « J'ai receu lettres de M. de Saint-Cerdos, dattées de Dijon, par lesquelles il m'advertit du procès qu'il a pendant en ceste cour de Rome. Je ne luy oserois faire responce sans me hasarder d'encourir grande fascherie. Mais j'entends qu'il a le meilleur droit du monde, et qu'on luy fait tort manifeste. Et y devroit venir en personne. Car il n'y a procez tant equitable qui ne se perde quand on ne le sollicite : mesmement ayant fortes parties, avec authorité de menacer les solliciteurs s'ilz en parlent. Faute de chiffre m'engarde de vous en escrire davantage. »

La reconnaissance et le respect sincère de Rabelais pour son protecteur, le cardinal du Bellay, ne l'empêchaient point de juger ce prélat lui-même avec sa liberté habituelle : « Ne sommes pas prestz d'avoir legat en France. Bien vray est-il que le roy a presenté au Pape le cardinal de Lorraine, mais je croy que le cardinal du Bellay taschera par tous les moyens de l'avoir pour soy. Le proverbe est vieux qui dit : *Nemo sibi secundus*. Et voiz certaines menées qu'on y fait, par lesquelles ledit cardinal du Bellay pour soy emploiera le pape et le fera trouver bon au roy. »

Il n'était point sans danger, au XVIe siècle, d'écrire des lettres de ce genre. Rabelais en savait quelque chose. Dans l'intervalle de son premier et de son second voyage en Italie, il faillit payer cher une correspondance qu'il adressait de Lyon à Rome. Sa lettre fut saisie et le cardinal de Tournon la fit tenir au chancelier du Bourg en l'accompagnant de ces mots : « Monsieur, je vous envoie une lettre que Rabelezus escrivoit à Rome, par où vous verrez de quelles nouvelles il advertissoit un des plus mauvais paillards qui soit à Rome ; je luy ay fait commandement qu'il n'eust à bouger de ceste ville jusqu'à ce que j'en sceusse votre volonté ; et, s'il n'eust parlé de moy en ladite lettre et aussi qu'il s'advoue au roy et reine de Navarre, je l'eusse fait mettre en prison pour donner exemple à tous ces escrivеurs de nouvelles. Vous m'en manderez ce qu'il vous plaira, remettant à vous d'en faire entendre au roy ce que bon vous en semblera (1). »

Rabelais en fut quitte pour la peur, mais cette leçon le rendit prudent. Il ne négligea aucune précaution, dans la suite, pour mettre sa correspondance à l'abri de toute indiscrétion. Nous le voyons donner des assurances à l'évêque de Maillezais sur ce point ; il entre dans les détails, qui sont curieux, et il nous montre les banquiers du temps avides de nouvelles, comme les nôtres, mais moins scrupuleux quant aux moyens de les obtenir :

(1) La lettre du cardinal de Tournon d'où est extrait ce passage, a été reproduite par M. L. Paris dans son *Cabinet historique*, Tome IV, p. 348, d'après l'original conservé aux archives nationales, section historique, case 965. Elle est datée de Lyon, 10 août. M. Paris et après lui M. Rathery, la reportent à l'année 1536. En quoi ils nous semblent se tromper. En 1536, et même à la fin de 1535, Rabelais était déjà de retour à Rome : sa correspondance en fait foi. La date de sa lettre du 30 décembre 1535 est contestée, mais à tort. Il n'y a aucune raison de la rejeter en 1536. Dans la copie manuscrite, il est vrai, l'indication finale de la date manque. Mais on lit dans les dernières lignes : « Je vous envoie aussi un manuscrit pour l'an qui vient M. L. XXXVI. » De plus, c'est dans cette lettre que Rabelais prédit, à propos de la défaite « de la bande du seigneur de Rance par les gens du duc de Savoie, » la guerre entre Charles-Quint et François Ier, qui éclata au printemps de 1536. Enfin la lettre du 28 janvier 1536, dont la date n'a été révoquée en doute par personne, contient cette phrase : « Vous ay escrit bien amplement au vingt et neuf de novembre et du trentiesme de décembre, » et complète des nouvelles relatives à la guerre du Turc et du Sophi, insérées justement dans la lettre qu'on a supposée avoir été écrite onze mois plus tard.

« Je croy que, à ceste heure, ayez eu lesdits pacquets. Car le sire Michel Parmentier, libraire, demeurant à l'escu de Basle (*à Lyon*), m'a escrit du cinquiesme de ce mois présent (*janvier* 1536), qu'il les avoit receus et envoyés à Poictiers. Vous pouvez être assuré que les pacquets que je vous envoirai seront fidèlement tenus d'icy à Lyon. Car je les metz dedans le grand pacquet ciré qui est pour les affaires du roy : et, quand le courrier arrive à Lyon, il est desployé par M. le Gouverneur. Lors, son secrétaire, qui est bien de mes amis, prend le paquet que j'adresse, au-dessus de la première couverture, audit Michel Parmentier. Pourtant, n'y a difficulté, sinon depuis Lyon jusques à Poictiers C'est la cause pourquoy je me suis advisé de le taxer, pour plus seurement estre tenu à Poictiers par les messagiers, sous l'espoir de y gaigner quelque teston. De ma part, j'entretiens tousjours ledit Parmentier par petits dons que luy envoye de nouvelletés de par de çà, ou à sa femme, afin qu'il soit plus diligent à chercher marchands ou messagiers de Poictiers qui vous rendent les pacquets. *Et suis bien de cet advis, que m'escriviez, qui est de ne les livrer entre les mains des banquiers, de peur que ne fussent crochetés et ouverts.* Je serais d'opinion que, la première fois que m'escrirez, mesmement, si c'est affaire d'importance, que vous escriviez un mot audit Parmentier et, dedans vostre lettre, metire un escu pour luy, en considération des diligences qu'il fait de m'envoyer vos pacquets et vous envoyer les miens. Peu de chose oblige aucunes fois les gens de bien, les rend plus fervens à l'advenir, quand le cas importerait urgente despesche. »

Il ne nous reste que trois lettres de Rabelais à Geoffroy d'Estissac. Il en avait très-certainement écrit bien davantage (1) et, quand on songe à tous les détails intéressants que celles-ci contiennent, quels regrets n'excite pas la perte des autres ! Nous avons du moins de quoi comprendre que Rabelais se félicite d'avoir vu de près les affaires, à l'ombre des du Bellay, et s'en fasse un titre de gloire dans la préface de son édition du livre de Marliani, *Topographia antiquæ Romæ*, adressée au cardinal. « *Mihi sanè pluris fuit Romæ te, quam Romam ipsam, vidisse. Romæ fuisse, sortis cujusdam est, in medio omnibus tantùm non mancis et membris omnibus captis positæ : vidisse vero Romæ te incredibili hominum gratulatione florentem, voluptatis* : REBUS GERENDIS INTERFUISSE, QUO TEMPORE NOBILEM ILLAM LEGATIONEM OBIRES, CUJUS ERGÒ ROMAM AB INVICTISSIMO REGE NOSTRO FRANCISCO MISSUS ERAS, GLORIŒ ; *assiduum tibi fuisse cùm sermonem* περι των κατα γαρ της Βριταννιας Βασιλεα *in illo orbis terræ sanctissimo gravissimoque concilio inferres, felicitatis fuit.* » (2)

(1) Les trois lettres que nous avons datent du second voyage de Rabelais à Rome, et ont été écrites à peu d'intervalle l'une de l'autre. La première est du 30 décembre 1535 et fait allusion à une lettre perdue, du 29 novembre ; la seconde est du 28 janvier 1536 ; la troisième, du 15 février même année. On voit que Rabelais correspondait avec l'évêque de Maillezais au moins une fois par mois. Avec l'activité qu'on lui connaît, sa facilité à nouer des relations et son zèle à les entretenir, il devait être un grand épistolier Quelle fête pour le monde littéraire si l'on découvrait un jour quelque part une collection de ses lettres !

(2) *Epistola nuncupatoria topographiæ antiquæ Romæ, Joanne Bartholomæo Marliano auctore. Lugduni, apud Seb. Gryphium 1534, in 8°.*

Rabelais était donc en mesure, autant que personne, d'aborder avec fruit les graves questions qui, pour employer ses propres termes, concernaient « l'état politique et la vie économique » d'alors. Ce n'était pas plus un savant abstrait qu'un moine grossier. C'était un savant, à coup sûr mais mêlé aux hommes et aux évènements, examinant d'un œil curieux et pénétrant le train des affaires en ce bas monde. Que ce fût aussi un joyeux compagnon, il ne s'agit point de le nier. Toutes ses *folastries* coulent de source et, par ce côté de son esprit, il se rapproche du populaire, au sein duquel il était né, qu'il connut aussi bien que les grands et qu'il aima davantage. Les souvenirs de l'auberge paternelle ne sortirent jamais de son esprit et, en mémoire de l'enseigne dont la porte était ornée, il fit sculpter sur le fronton de la petite maison que lui donna Guillaume du Bellay, à Langey, deux lamproies qui, dit-on, s'y peuvent voir encore. Le fameux cabaret de la *Cave peinte*, à Chinon, et ses infatigables buveurs, avec leurs propos tumultueux, les jambons qui excitent leur soif, les bouteilles qui se vident et s'emplissent, les rouges-bords qui attirent la main, les verres vides qui sonnent sur la table ; ces scènes demi bourgeoises et demi paysannes, auxquelles il avait pris part plus d'une fois dans sa jeunesse et peut-être dans son âge mûr, furent toujours très-chères à son cœur et à son imagination : cela le complète.

Du haut en bas, la société de l'époque est venue se peindre tout entière dans ce cerveau encyclopédique, fait pour recevoir, sans en être accablé, une quantité prodigieuse d'impressions.

CHAPITRE III

LA ROYAUTÉ

On a vu que, dès le XVIe siècle, la question de la Monarchie et de la République se posait dans un certain nombre d'esprits (1). François Ier lui-même, réprimant le Parlement, prononçait ces mots significatifs : « A Paris, il y a un roi, et je n'entends pas qu'il s'y forme un Sénat, comme à Venise. »

Rabelais, qui, outre l'antiquité, connaissait l'Italie moderne, n'oppose nulle part ni ses souvenirs classiques, ni

(1) Au XVIIe siècle, sous le grand roi, sous le roi Soleil, Bossuet pose nettement la question et explique pourquoi il préfère le gouvernement monarchique. *Politique tirée de l'Ecriture*, Livre II, Propositions VI, VII, VIII et IX.

les remarques, fruit de ses voyages, à la forme de gouvernement qu'il trouva établie en France.

Pourtant il n'est pas homme à se laisser éblouir par l'éclat qui environne le prince et couvre comme d'un nuage sacré les origines de sa fortune : il remonte d'un coup jusque-là et voit les commencements humbles. Mais rencontrant, dans son pays et à son heure, une royauté mieux assise et plus puissante que jamais, favorisée dans sa croissance par les lois mêmes du développement de la société, il a compris que ce serait folie de parler comme si elle n'était pas ou de compter sur sa ruine prochaine. Cette force prépondérante existait, il l'a reconnue. Sage, il s'est efforcé de la tourner vers le bien et de la faire rentrer d'elle-même (puisque des moyens extérieurs ne pouvaient pas être employés) dans des limites raisonnables.

C'est dans ce dessein qu'il trace avec amour, avec enthousiasme, le portrait du prince philosophe, modèle des princes. Les éloges libéralement décernés au roi idéal sont autant de conseils discrètement adressés au roi réel. Ils couvrent les attaques virulentes contre ces despotes qui déchaînent des guerres inutiles, sans pitié pour les maux des peuples Ils permettent à Rabelais de rire du droit héréditaire au trône, à moins que la vertu ne le soutienne, et de faire gronder dans son livre des menaces qui seront entendues de l'avenir et accomplies par ses neveux.

I

Origine de la Royauté.

Ce voile redoutable et sacré dont parle le cardinal de Retz, « qui couvre ce qu'on peut dire ou croire du droit des peuples et des rois, lesquels ne s'accordent jamais mieux ensemble que dans le silence, » Rabelais le soulève sans scrupule, sans y voir mal, comme par hasard. Il est né curieux, indiscret ; il aime à chercher, à savoir, et ne se peut tenir de dire ce qu'il sait.

Or, à regarder de près le souverain, il s'est vite aperçu que c'était un homme de chair et d'os comme lui ; il sent l'égalité de nature et dirait volontiers des rois ce que les *Jacques* disaient des Seigneurs :

Nous sommes hommes comme ils sont,
Des membres avons comme ils ont.

Jean de Meung raconte en ces termes l'avènement du premier souverain, créé par les premiers manants :

Un grand vilain d'entre eux élurent,
Le plus ossu de quants ils furent,
Et le plus grand et le greigneur,
Et le firent prince et seigneur.

Rabelais n'a pas plus d'illusions sur l'origine de la Royauté, et il n'y voit rien de plus auguste. Mais il parle d'un autre ton. Il donne la « généalogie et antiquité » de Gargantua, fils du bon roi Grandgousier, futur roi d'Utopie lui-même, et il ajoute ces réflexions : « Plust à Dieu qu'un chascun sceust aussi certainement sa genealogie depuis l'arche de Noé jusques à cest âge. Je pense que plusieurs sont aujourd'huy empereurs, rois, ducs, princes et papes en la terre, lesquelz sont descendus de quelque porteurs de rogatons et de costrets. Comme au rebours plusieurs sont gueux de l'hostiere, souffreteux et miserables, lesquelz sont descenduz de sang et ligne de grand rois et empereurs... Et pour vous donner à entendre de moi qui parle, je cuide que soie descendu de quelque roy ou prince, au temps jadis ; car oncques ne vistes homme qui eust plus affection d'estre roy et riche que moy, afin de faire grand chere, pas ne travailler, point ne me soucier, et bien enrichir mes amis et tous gens de bien et de savoir (1). »

La Royauté se trouve dépouillée, en un tour de main, de son prestige. Tout en riant et en « se gabelant, » Rabelais l'a soudain mise à nu, ramenée aux proportions humaines. Le Prince, maintenant, n'est plus qu'un membre de la grande famille, né de gueux, pouvant redevenir gueux.

Mais avec cela il est prince ; la Fortune, reine du monde, l'a fait roi, et, en attendant qu'elle l'abatte, elle lui soumet ce qui l'environne. Il a le pouvoir et il l'exerce ; son autorité est un fait. Toute la question, dès lors, se réduit à savoir si les conséquences de ce fait seront bienfaisantes ou funestes.

Cela dépend des lois de la nation comme du caractère de son roi. Avec un prince heureusement doué, amoureux du

(1) Livre I, chap. I.

bonheur public, des lois insuffisantes ou nulles et le pouvoir absolu d'un seul n'empêcheront point l'Etat de fleurir.

Mais ce sera un hasard heureux ; car, supposez un roi incapable ou méchant : le peuple dont les droits et la sécurité n'auront de garantie que le mérite et les bonnes intentions du prince, le peuple qui ne sera défendu par aucune loi contre l'arbitraire, courra de terribles dangers. Et il ne faut pas trop compter que, munis de grâces d'Etat spéciales, les rois seront toujours excellents. En face du parfait Grandgousier, qui d'ailleurs règne en Utopie, voyez Picrochole ! en face de Pantagruel, Anarche ! Et combien de ceux-ci l'hisoire offrirait-elle pour un de ceux-là !

La défiance, ici comme ailleurs, est la vraie mère de la sûreté.

II

La Guerre.

Oyez comme les pauvres gens de Lerné, pour un sot emportement de leur prince, sont jetés dans une guerre désastreuse.

Quelques *fouaciers*, sujets de Picrochole, provoquent insolemment les bergers de Grandgousier ; puis, déconfits, battus, frottés selon leurs mérites, rentrent à Lerné, montent au Capitole et font leurs doléances au roi, lui montrant l'un d'eux, Marquet, fort blessé. Il n'en fallait pas tant pour mettre deux royaumes en feu. Picrochole aussitôt entre en fureur et, sans consulter davantage, fait appeler le ban et l'arrière-ban de sa milice : tous les hommes valides, sous peine de la hart, seront réunis à midi, sur la grande place, devant le château. « Pour mieulx confirmer son entreprise, envoya sonner le tabourin à l'entour de la ville. Luy-mesmes, *cependant qu'on apprestoit son disner*, alla faire affuster son artillerie, desployer son enseigne et oriflant, et charger force munitions tant de harnais d'armes que de gueule. En disnant bailla les commissions. »

Tout est préparé, ordonné et, le jour même, l'expédition part, les exploits commencent. Les soldats s'en vont de ci, de là, « gâtans et dissipans tout par où ils passoient, sans espargner ni pauvre ni riche, ni lieu sacré ni prophane ; emmenant bœufs, vaches, taureaux, genisses, brebis, moutons, chevres et boucs, etc., etc. ; abattans les noix, vendangeans les vignes, emportans les ceps, croulans tous les fruits des arbres,... Et ne trouverent personne qui leur résistast, mais un chascun se mettant à leur mercy, les supplians être traictés plus humainement en considération de ce qu'ilz avaient esté de tous temps bons et amiables voisins..... Esquelles remontrances rien plus ne répondoient, sinon qu'ilz leur vouloient apprendre à manger de la fouace (1). »

(1) Livre I. Chapitre XXVI. — M. Fleury trouve une autre peinture de la guerre dans le livre IV, chapitre XVII. Pour lui la guerre est personnifiée dans le grotesque géant Bringuenarilles, habitant des îles de Tohu-Bohu. « Là, les voyageurs ne trouvèrent que faire, parce que le géant Bringuenarilles avait tout détruit. Il se nourrissait d'ordinaire de moulins à vent, qu'il avalait tout entiers, — emblème de la gloriole des conquérants. — Il avait fini, ne trouvant autre chose dans le pays, par avaler tout ce qu'il y avait de poëles, de poëlons, de casseroles, lèchefrites, marmites, qu'il avait pu se procurer. — Ce sont les instruments qui

Le tableau est achevé ; les causes, le mode d'action, le résultat, tout s'y trouve; et malheureusement cette guerre n'est pas la seule qui ait eu lieu à propos de fouaces. Quant aux ravages commis par les soldats, l'énumération de Rabelais n'offre rien d'exagéré ; il est plutôt resté au-dessous de ce qui se faisait de son temps (1). Mais que dire de ces

servent à donner un charivari. — Cela lui avait occasionné une indigestion et il en était mort.

« Du temps de Rabelais on n'avait pas encore inventé la « guerre civilisatrice », personne n'avait songé à en faire la théorie et à y chercher un moyen de progrès. Rabelais voyait naïvement dans la guerre l'ennemie naturelle du développement intellectuel des nations, la destructrice des œuvres de la science et de la civilisation, et à ce titre il ne pouvait manquer de donner une place à la manie de la guerre parmi les obstacles qui retardent le plus puissamment le progrès de l'humanité

Bringuenarilles détruisant et ruinant tout autour de lui, et puni par une indigestion mortelle de son avidité, est la personnification la plus heureuse et la plus complète de la guerre, qui ruine les vaincus sans enrichir les vainqueurs ».

Rabelais et ses œuvres. Chapitre XII. § 20.

(1) Voici quelques témoignagnes... « L'armée du petit roi Charles VIII était épouvantable à voir. De tous ceux qui se rangeaient sous les enseignes et bandes des capitaines, la plupart étaient des gens de sac et de corde, méchants garnements, échappés de la justice, et surtout force marqués de la fleur de lys sur l'épaule, essoreillés, et qui cachaient les oreilles, à dire vrai, par longs cheveux hérissés en barbes horribles, autant pour cette raison que pour se montrer effroyables à leurs ennemis ». BRANTOME, *Discours* 89, *Sur les colonels généraux*. — On conçoit de reste à quels excès pouvaient se porter de pareilles troupes. En 1495, à Fornoue, dit César Cantu, les Français ne firent point de quartier ; ils se hâtaient d'éventrer leurs prisonniers dans la pensée qu'ils avaient avalé leur or. L'*Histoire du bon chevalier* nous montre les Allemands, autour de Padoue, se livrant déjà à leur goût pour les déménagements en règle : « N'était jour qu'il ne se dérobât trois ou quatre cents lansquenets, qui emmenaient bœufs et vaches en Allemagne, lits, blés, soies à filer, et autres ustensiles ; de sorte qu'audit Padouan fut porté dommage de deux millions d'écus, qu'en meubles, qu'en maisons, qu'en palais brûlés et

traits qui marquent le début de la grande « entreprise? » Que penser de ce roi qui va faire affûter son artillerie « pendant qu'on apprête son dîner, » et qui « en dînant » baille ses commissions? Sous le règne du bon plaisir, il n'y a rien de sérieux, quand le maître ne l'est pas.

III

Les Courtisans.

Picrochole est un mauvais prince, mais ses courtisans le rendent pire. C'est lui qui a commencé la guerre, ce sont eux qui lui ferment l'oreille à toutes les propositions de paix et qui le poussent aux dernières folies.

Si son invasion, tout d'abord, triomphe et ne rencontre point d'obstacles, c'est qu'il a surpris ses voisins, qui ne

détruits ». Il semble qu'on ne puisse parler des dégâts causés par ces troupes en pays ennemi ou ami (car ils y faisaient peu de différence) sans entasser les énumérations, les accumulations de reproches. L'extrait suivant d'une ordonnance royale de 1515 ressemble aux passages les plus chargés de Rabelais ; « Par les longues guerres se sont levés quelques aventuriers, gens vagabonds, oiseux, méchants, flatigieux, abandonnés à tous les vices, larrons, meurtriers, rapteurs de femmes et de filles, blasphémateurs et renieurs de Dieu ; cruels, inhumains, immiséricordieux, faisant du vice vertu, loups ravissants, faits pour nuire à chacun, ne voulant, ne sachant nul bien ni service faire ; coutumiers de manger et dévorer le peuple, le dénuder et dépouiller de tout son bien ; perdre, gâter et dissiper tout ce qu'ils trouvent ; battre. mutiler, chasser et mettre le bonhomme hors de sa maison ; tuer, martyriser nos pauvres sujets, et leur faire plus d'oppresse, de violence et de cruauté, que nuls ennemis, fussent-ils Turcs ou infidèles, ne voudraient faire ni penser ».

pensaient à rien moins qu'à lui. Mais qu'ils se remettent de leur émoi et qu'ils se reconnaissent, tout changera. Les forces d'*Utopie* sont plus grandes, mieux organisées que celles de *Lerné*; et voici venir Gargantua qui, averti, sort de Paris où il finissait ses études et accourt à marches forcées.

Si les intérêts de leur patrie ou de leur prince pouvaient les toucher, les courtisans ne devraient parler ni agir que pour s'opposer à une guerre injuste et dangereuse. Mais la faveur est leur seul dieu, dieu auquel ils sacrifient tout, et qui rarement les inspire bien ; car on plaît plus sûrement au maître en le flattant à ses dépens, qu'en lui résistant dans son intérêt.

En attendant le secours de son fils, le bon et honnête Grandgousier tente tous les moyens d'apaiser la fureur de son ancien allié, et d'éviter ainsi une guerre dont l'issue lui sera favorable, mais dont il sait bien que les succès seront toujours trop chèrement payés. Grandement étonné et marri d'une agression qu'il a conscience de n'avoir nullement provoquée, il envoie au camp des ennemis, avec des paroles bienveillantes, un parlementaire dont on se moque : puis, informé de l'affaire des fouaces, pour cinq douzaines qu'en avaient prises ses bergers, et qu'ils avaient payées d'ailleurs, il en commande cinq charretées, dont l'une « fut de fouaces faites à beau beurre, beaux moyeux d'œufs, beau saffran et belles espices, pour estre distribuées à Marquet, » en compensation de ses blessures. Il lui offre de plus, comme dommages-intérêts, « sept cent mille et trois philippus, pour payer les barbiers qui l'auroient pansé, et la mestaírie de la Pomardiere, à perpétuité franche pour lui et les siens. « — « Voyez cy le contract de transaction, » ajoutait son ambassadeur, « Et pour Dieu vivons dorenavant en paix, et vous retirez en vos terres joyeusement; cédans cette place icy en laquelle n'avez droit quelconque comme bien le confessez. Et amis comme paravant (1). »

L'occasion est belle : Picrochole peut encore se tirer de l'aventure avec dignité et profit. Mais ce n'est pas le compte de ses courtisans. Il faut voir comment ils s'y prennent pour ne pas laisser leur souverain profiter de cette bonne fortune.

« Toucquedillon (qui commandait l'artillerie) raconta le tout à Picrochole et de plus en plus envenima son courage, luy disant : — « Ces rustres ont belle peur; par Dieu, Grandgousier..... le pauvre buveur, ce n'est son art aller en guerre, mais ouy bien vider les flacons. Je suis d'opinion que retenons ces fouaces et l'argent, et au reste nous hastons de remparer icy et poursuivre notre fortune. Mais pensent-ilz bien avoir affaire à une duppe, de vous paistre de ces fouaces? Voylà que c'est : le bon traictement et la grande familiarité que leur avez par ci-devant tenue vous ont rendu envers eux contemptible. Oygnez villain il vous poindra; poignez villain, il vous oindra. — Ça, ça, ça, dist Picrochole, Saint-Jacques, ilz en auront, faitcs ainsi qu'avez dit (2). »

Toucquedillon est un habile homme et sera quelque jour connétable. Mais ne saurait-on faire mieux que lui? Il ne promet à Picrochole que les Etats de Grandgousier; pourquoi ne pas lui promettre le monde? Cela ne coûte pas davantage,

(1) Livre I, chap. XXXII.

(2) Livre I, chap. XXXII.

vraiment, et cela doit, selon toute apparence, être encore mieux récompensé. Aussi, sans perdre une seule minute, et, sitôt « les fouaces détroussées, » quelques personnages ingénieux, dont le zèle a été stimulé par le discours de Toucquedillon, apportent au bouillant Picrochole un plan de conquête universelle.

« Sire, lui disent-ils en l'abordant, aujourd'huy nous vous rendons le plus heureux, plus chevalereux prince qui oncques fust depuis la mort d'Alexandre Macedo. — Couvrez, couvrez-vous, dit Picrochole, que ce début ravit d'aise. — Grand merci, dirent-ilz, sire, nous sommes à nostre devoir. Le moyen est tel. » Et ils développent l'itinéraire dont les étapes doivent être marquées par les victoires du nouvel Alexandre.

Ce morceau est un de ceux où s'épanche toute la verve railleuse de Rabelais. Les courtisans ne négligent rien et sacrifient jusqu'aux demi-dieux à la vanité de leur roi. Ils élèvent sur les bords du détroit de Gibraltar deux colonnes qui feront oublier celles d'Hercule et éterniseront Picrochole, dont ils donnent le nom au détroit. « Passée la mer Picrocholine, voici Barberousse qui se rend votre esclave. — Je, dit Picrochole, le prendrai à mercy. — Voire, dirent-ilz, pourvu qu'il se fasce baptiser. Et oppugnerez les royaumes de Tunis, de Hippes, de Bône, etc. » On se détourne pour prendre les îles, puis la Provence, le nord de l'Italie, et l'on arrive bientôt à Rome. « Le pauvre monsieur du Pape meurt desja de peur. — Par ma foy, dist Picrochole, je ne lui baiseray ja sa pantoufle. »

En gens habiles et qui ne veulent point qu'une flatterie ait l'air de ce qu'elle est, nos conquérants ont un plan fixe et ne permettent à Picrochole ni de s'en écarter ni de s'arrêter en chemin. Ils lui font la leçon et lui prêchent la modération, la prudence. Quand ils traversent la Palestine, « Je, dist-il, feray donc bastir le temple de Salomon. — Non, dirent-ilz, encore. Attendez un peu. Ne soyez jamais tant soudain à vos entreprises. Savez-vous que disoit Octavian Auguste? *Festinà lenté* .... Il vous convient premièrement avoir l'Asie Minor, Carie, Lycie, Pamphile..... jusqu'à Euphrate. — Verrons-nous, dist Picrochole, Babylone et le mont Sinaï ? — Il n'est, dirent-ils, ja besoin pour ceste heure. N'est-ce pas assez tracassé de avoir transfrèté la mer Hyrcane, chevauché les deux Armenies et les trois Arabies ?... »

Ils ont su prévoir qu'on pourrait, au cours de ce voyage triomphal, se heurter à quelques obstacles et ne pas couler toujours une vie aussi douce qu'au palais de Lerné; cela rend les choses plus vraisemblables. « Julian Auguste et tout son ost » moururent de soif dans les déserts qu'il s'agit maintenant de parcourir. C'est là un péril des plus graves, car, tout en se moquant fort de Grandgousier, « le pauvre buveur, » Picrochole n'est pas homme à se passer de boire. On a pourvu à tout, et le gosier royal n'aura point trop à souffrir. « Par la mer Siriace vous avez neuf mille quatorze grands naufs chargées des meilleurs vins du monde. Elles arriverent à Japhes (Jaffa). Là se sont trouvés vingt et deux cent mille chameaux et seize cens éléphants... Ne vous fournirent-ilz point du vin à suffisance ? — Voire, mais, dist-il, nous ne beusmes point frais. — Par la vertu, dirent-ilz, non pas d'un petit poisson, un preux, un conquerant, un pretendant et aspirant à l'empire univers, ne peut toujours avoir ses aises. »

Picrochole résigné à boire quelquefois chaud, la conquête s'achève sans encombre. Il ne reste plus qu'à égorger « tous ces chiens Turcs et Mahumetistes. » — « Et donnerez leurs terres à ceux qui vous auront servi honnestement. — La raison, dist-il, le veut, c'est equité. Je vous donne la Carmaigne, Surie et toute Palestine. — Ha, dirent-ilz, Sire, c'est du bien de vous. Grand mercy, Dieu vous fasse bien tousjours prosperer. »

Ne croirait-on pas entendre une conversation entre Charles VIII et Etienne de Vesc ou quelqu'autre de ses favoris, quand il s'agissait de faire de Naples une étape sur la route de Constantinople, d'abattre le grand Turc, de relever le royaume de Jérusalem et de ceindre dans Sainte-Sophie la couronne des empereurs d'Orient ?

Voilà les courtisans, au pire sens du mot : pour eux la flatterie est le tout de l'homme. Il faut plaire et avoir une récompense honnête ; hors de là point de salut. Que leurs mensonges perdent le prince qui a le malheur de les écouter, peu leur importe, s'ils y profitent. Leur dévouement va au Pouvoir, qui peut toujours leur être utile, et ne s'arrête point à la personne, que la Fortune peut abandonner.

Mais il serait injuste de prétendre que tous les hommes qui entourent les rois rentrent dans cette catégorie. On trouve, à la cour même, des gens capables de dire la vérité et de donner un bon conseil, quittes à passer pour mal appris. Picrochole, comme Pyrrhus, aura son Cinéas. Celui-ci s'appelle Echephron, « vieux gentilhomme esprouvé en divers hasards et vrai routier de guerre, lequel oyant ces propos, dist : « J'ay grand peur que toute ceste entreprise sera semblable à la farce du pot au lait, duquel un cordouannier se faisait riche par resverie, puis, le pot cassé, n'eust de quoy disner. Que pretendez-vous par ces belles conquestes ? Quelle sera la fin de tant de travaux et traverses ? — Sera, dit Picrochole, que nous, retournés, reposerons à nos aises. — D'ond, dit Echephron, et si par cas jamais n'en retournez ? car le voyage est long et perilleux. N'est-ce mieux que des maintenant nous reposons, sans nous mettre en ces hasards? » Ainsi, par la bouche d'Echephron, la raison ose se faire entendre ; mais on ne l'entend que pour s'en moquer, et l'on n'en fait ni plus ni moins. « Par Dieu, dit Spadassin, l'un des inventeurs du beau plan qui a enchanté Picrochole, voicy un bon resveux ; mais allons nous cacher au coin de la cheminée ; et là passons avec les dames notre vie et notre temps à enfiler des perles, ou à filer, comme Sardanapalus. Qui ne s'adventure n'a cheval ny mule, ce dit Salomon. — Qui trop, dist Echephron, s'adventure, perd cheval et mule, respondit Malcon. — Baste, dist Picrochole, passons oultre..... sus, sus, qu'on despesche tout, et qui m'aime, si me suive (1). »

C'est le triomphe de la folie et de la vanité ; Echephron, l'honnête homme, n'a plus qu'à se faire tuer au service de Picrochole, qui ne lui pardonnera point un mouvement de franchise et de désintéressement (2).

(1) Livre I. Chapitre XXXIII.

(2) Machiavel, avec son esprit positif, ne redoute pas moins que Rabelais l'influence des courtisans. Il consacre un chapitre entier à enseigner aux Princes comment ils doivent se conduire avec eux. « Je ne veux pas,

IV

Les Dépenses de la Couronne.

On ne conquiert point le monde sans argent. Il est à propos que Picrochole, avant de s'engager davantage, fasse percevoir les impôts échus, ou même, demandant à ses sujets un sacrifice proportionné à la grandeur de son entreprise, en établisse quelques-uns de nouveaux. Durant la paix, les besoins du Prince, moins pressants, moins considérables, ne laissent pas d'avoir leur importance. Ne faut-il point entretenir la cour, distribuer les pensions, les grâces, soutenir la majesté du trône en l'entourant d'une pompe royale, d'une représentation digne d'elle ? Et rien ne se soutient qu'à prix d'or.

En tout temps donc, et de quelque part que souffle le vent de la politique, qu'on se batte ou qu'on danse, le *budget* (1),

dit-il, oublier un article important et une faute dont les princes se défendent difficilement quand ils ne sont pas très-sages. Je veux parler des flatteurs dont les cours sont pleines, parce que les hommes ont de l'amour-propre et se trompent tellement que c'est à peine s'ils peuvent éviter une telle contagion. » *Le Prince.* Chapitre XXIII.

Erasme attaque aussi les courtisans avec violence, mais c'est surtout comme parasites, comme paresseux et inutiles. Il ne va pas droit au but et au péril le plus grave, comme Machiavel et Rabelais.

(1) J'emploie ici, faute d'un autre, ce mot d'importation nouvelle, pour désigner l'ensemble des contributions du royaume, et non dans son sens propre de tableau comparé des dépenses et recettes, chose dont l'idée dit-on, remonte à François Ier, mais qui n'exista point chez nous avant Colbert et ses *Etats de prévoyance*.

puisqu'il faut l'appeler par son nom, et dans le budget cette partie que nous nommons *liste civile*, mérite d'attirer l'attention. Sous un prince tel que Picrochole, on verra tout naturellement s'élever les dépenses de la couronne et se multiplier les appels faits à la bourse des sujets. Sous un bon roi comme Grandgousier, les charges publiques seront moins lourdes, mais elles ne cesseront point d'exister et d'être bien réellement des charges. Il n'y a, pour s'en convaincre, qu'à voir ce que coûte, dès sa naissance, l'héritier présomptif du trône.

Gargantua le bien nommé (Rabelais attribue à ce nom le même sens qu'à celui de Grandgousier), en arrivant à la lumière, « ne cria comme les autres enfans : *Mies, mies, mies!* mais à haute voix s'escriait : A boire, à boire, à boire (1)!... Et pour l'apaiser luy donnerent à boire à tirelarigot (2). » La belle nativité! comme dit Rabelais. « Et luy furent ordonnées dix et sept mille neuf cens treize vaches de Peautille et de Brehemont pour l'allaicter ordinairement, car de trouver nourrice suffisante n'était possible en tout le pays, considéré la grande quantité de laict requise pour iceluy alimenter (3). » Dix-sept mille neuf cent treize vaches; c'est une réquisition notable. Il ne paraît pas qu'un Dauphin se puisse nourrir à peu de frais. Mais quoi? la nourriture (jusqu'à présent) n'est rien; c'est devant l'habillement qu'on s'étonne.

(1) Livre I. Chapitre VI.

(2) Livre I. Chapitre VII.

(3) Livre I. Chapitre VII.

Point de dénombrement dans Homère comparable à celui des pièces qui forment l'habillement de Gargantua. C'est d'abord la chemise, pour laquelle « furent levées neuf cens aulnes de toile de Chastellerault, et deux cens pour les coussons en forme de carreaux, lesquelz on mit sous les esselles, » et encore remarquez qu'elle n'était point « froncée. » Puis le pourpoint, qui n'exige pas moins de « huit cens treize aulnes de satin blanc, et, pour les âgueillettes, quinze cens neuf peaux et demie de chiens. « Puis les chausses, auxquelles on emploie, « onze cens cinq aulnes et un tiers d'étamet blanc, et furent deschiquetées en forme de colonnes striées et crenelées par le derrière, afin de n'eschauffer les reins. »

Ce commencement d'énumération suffit à donner une idée de ce qu'il fallut d'aunes de drap, de damas, velours, etc., pour compléter l'équipement du jeune prince : braguette, souliers, ceinture, sayon, robe, bonnet; le tout agrémenté de diamants, perles, rubis, émeraudes, turquoises. Rabelais n'omet aucun détail, si ce mot détail peut s'appliquer à des choses qui toutes sont énormes. Il nous montre la chaîne d'or que Gargantua portait au cou et qui pesait vingt-cinq mille soixante et trois marcs; les grosses perles d'or étaient séparées par de gros jaspes verds gravés et taillés en dragons, « tout environnés de rais et étincelles », et la chaîne descendait « jusqu'à la boucque du petit ventre. » Il dépeint et compte les anneaux, dont l'un, celui du « doigt médical de la dextre, » était estimé par Hans Carvel, grand lapidaire du roi de Mélinde, et par les Fourques d'Ausbourg, « à la valeur de soixante neuf millions neuf cens nonante et quatre mille et dix-huit moutons à la grand'laine. » Remarquons enfin la poupée de l'enfant, ornée d'une inscription topique. « Pour son image avoit en une platine d'or pesant soixante et huit marcs une figure d'esmail competant..... et autour estoit escrit en lettres ioniques :

« ἡ ἀγάπη ου Ζητεῖ τα ἑαυτῆς (1).

Cette sainte maxime de détachement, il faut l'avouer, vient là bien à propos, et les sujets de Grandgousier, après avoir soldé les comptes pour l'habillement de leur jeune prince, auront le loisir de la méditer.

Il est vrai que Gargantua, une fois sorti de l'enfance, tempère les regrets des contribuables en les protégeant loyalement contre tout péril extérieur. C'est lui qui extermine l'ennemi et sauve la campagne des pillards ; c'est lui qui pacifie l'Empire et qui réduit à moins que rien les menaçants projets de Picrochole. Il est, sans contredit, le meilleur des princes présents, passés et à venir ; mais il faut toujours l'habiller, et la dépense de ses vêtements a grandi en même temps que sa taille ; mais il faut toujours le nourrir, et son appétit, formidable dès le jour de sa naissance, n'a fait que croître et embellir avec toutes ses autres facultés. On a renvoyé ses nourrices ; il ne tette plus ses dix-huit mille vaches, mais il mange en nombre infini bœufs et animaux de toute espèce. Le voici capable de dépeupler en quelques repas les prairies, les basses-cours et les forêts d'un royaume. Grandgousier un jour le retint à souper :

(1) Livre I. Chapitre VIII.

« et de surcroist furent roustis seize bœufs, trois génisses, trente et deux veaux, soixante trois chevreaux moissonniers, quatre vingt quinze moutons, trois cents gorrets de laict à beau moust, onze vingt perdrix, sept cents becasses, etc., etc. » Cela continue pendant une page. Pour tant de viandes, vins à proportion : « Janot Miquel et Verrenet appreterent fort bien à boire. » (1) Le menu, on le voit, est plantureux, et, s'il se renouvelle seulement deux fois par jour, il faut pour l'intendant des cuisines royales une bourse ouverte et bien garnie.

Ce n'est point merveille, après cela, si le bon Grandgousier, soupirant d'avoir à reprendre, malgré son âge, « la lance et la masse », pour la défense de ses peuples, s'encourage par cette réflexion : « La raison le veult ainsi ; car de leur labeur je suis entretenu, et de leur sueur je suis nourry, moy, mes enfants et ma famille. » (2)

La royauté, disait Philippe de Pot, est une fonction ; Rabelais ajoute : — c'est une fonction chèrement payée ; donc il faut qu'elle soit bien remplie ; — et il indique nettement la sanction de cette maxime.

(1) Livre I. Chapitre XXXVII.

(2) Livre I. Chapitre XXVIII.

V.

Déchéance des rois indignes.

On passe aux rois comme Grandgousier de coûter cher, vu le bien qu'ils font. Mais les souverains comme Picrochole, les princes qui ressemblent à Anarche, et ne procurent à leurs sujets, en retour de l'argent qu'ils leur prennent, que des calamités de tous genres, serait-il injuste de leur enlever un pouvoir dont ils usent si mal ?

Etudiée au point de vue du droit moderne et constitutionnel, la question ne serait pas douteuse. A ce point de vue, en effet, il existe un contrat entre le prince et la nation : celle-ci élève celui-là sur le trône à condition qu'il travaillera, selon des formes déterminées, à la prospérité publique. Le prince manque-t-il à sa parole ? touche-t-il à la constitution ? il est déchu, par le fait même, et c'est ainsi qu'en Angleterre Guillaume d'Orange remplace Jacques Stuart, et qu'en France Louis-Philippe succède à Charles X.

C'est là un ordre de choses nouveau, (1) mais que Rabelais

(1) Ces idées n'étaient pas aussi étrangères au XVIe siècle qu'on pourrait être tenté de le croire.

Pour être reconnu Empereur, Charles-Quint dût jurer : « de protéger la chrétienneté, la paix, la bulle d'or, les droits et la liberté de chaque Etat ; de ne mettre aucun étranger dans les emplois, de ne jamais lever de troupes au dehors, etc. »

En Espagne il dût accepter la déclaration suivante : « Votre Altesse comme roi de Castille, de Léon et de Grenade, avec la très-haute et

semble avoir prévu, qu'il paraît approuver d'avance. Aussi bien, c'est là que mène logiquement le principe émis par le sire de la Roche et acclamé par les Etats, qui ne l'entendirent qu'à demi. Rabelais, lui, en comprend mieux la portée. Nous ne voudrions pas lui prêter des intentions qu'il

très-puissante reine Jeanne, notre souveraine et votre mère, jure devant Dieu et sur les saints Evangiles, où elle pose la main droite, et promet sur sa foi et sur sa parole royale, aux villes, bourgs et villages représentés par les députés présents à ses côtés, et aux provinces, cités et communes qui représentent ces royaumes, comme si elles étaient nommées ici chacune distinctement, qu'elle gardera et conservera le patrimoine royal de la couronne, et n'aliénera en aucune manière les villes, bourgs et communes ni leurs territoires et leur juridiction, ni les droits et les revenus des villes, ni autre chose de leur dépendance, ni rien de ce qui appartient à la couronne et au domaine royal qu'elle possède aujourd'hui et qui pourra lui échoir à l'avenir.

« En outre, vous confirmez aux villes, bourgs, communes et provinces, et à chacune d'elles en particulier, les libertés, priviléges, franchises...

« Et de tout cela V. A. jure de ne rien altérer, supprimer et diminuer par soi ou par son ordre royal, sous quelque forme que ce soit, à présent ni en aucun temps, pour quelque cause ou motif que ce soit... Ainsi Dieu et les Saints Evangiles vous soient en aide ! Amen... »

Vers la fin du siècle, le 26 juillet 1581, le fils de Charles-Quint fut solennellement déclaré déchu de ses droits sur les Provinces-Unies.

« Les sujets, disait l'acte de déchéance, ne sont pas créés de Dieu pour l'usage du prince, ni pour lui obéir en tout ce qu'il commande de juste ou d'injuste, et le servir comme esclaves. Mais le prince est établi pour les sujets, afin de les gouverner *selon droit et raison* ; s'il ne le fait pas et qu'il les opprime, au lieu de les défendre, leur ôtant leurs priviléges et anciennes coutumes, il ne doit plus être tenu pour prince, mais pour tyran, et ses sujets, *selon droit et raison*, ne le doivent plus reconnaître pour leur prince, quand ils ne l'ont pu, par prières, requêtes et remontrances, détourner de ses entreprises tyranniques, Nous donc, ***suivant la loi de nature***, pour la tuition et défense de nos personnes et de nos droits, priviléges, anciennes coutumes et liberté de notre patrie, de la vie et de l'honneur de nos femmes, de nos enfants et de notre postérité, avons déclaré et déclarons le roi d'Espagne déchu de sa souveraineté sur ce pays. »

n'avait pas ni le tirer de force hors de son siècle. Mais comment ne pas remarquer qu'il met en scène deux méchants rois et qu'il les punit l'un et l'autre de leur mauvaise administration en leur retirant la couronne ?

Il est bien difficile, ce semble, de ne pas découvrir une leçon dans la fin de ce pauvre Picrochole. Défait par Gargantua, abandonné des siens, désespéré, le triste sire en s'enfuyant « voulut prendre un asne du moulin, qui là auprès estoit. » Mais les meuniers le battent comme plâtre, le dépouillent de ses vêtements et lui donnent pour se couvrir une misérable souquenille. « Ainsi s'en alla le pauvre cholerique, puis... racontant ses males fortunes, fut advisé par une vieille lourpidion que son royaume lui seroit rendu à la venue des Cocquecigrues : depuis ne sait-on qu'il est devenu. Toutesfois l'on m'a dit qu'il est de present pauvre gaigne denier à Lyon, cholere comme davant. Et tousjours se guermente à tous les étrangiers de la venue des Cocquecigrues. » (1) Mais les Cocquecigrues ne viennent point et l'ancien monarque de Lerné reste pauvre gagne-denier.

Anarche, roi des Dipsodes, est encore plus mal traité. Pantagruel, son vainqueur, en a fait cadeau à Panurge. Se souvenant du discours de son ami Epistemon, lequel a visité l'enfer, et au retour lui a conté « comment estoient traictés les rois et riches de ce monde par les Champs-Elysées et comment ilz gaignoient pour lors leur vie à vils et sales mestiers, » Panurge trouve bon de faire apprendre un métier

(1) Livre I. Chapitre XLIX.

à «monsieur du roy, » afin qu'il soit « jà tout expert en l'art, quand il sera de par là à tous les diables. » Un jour donc il habille son roi d'un petit pourpoint « tout deschiqueté, » et d'une belle ceinture de *pers* et de *vert*, « disant que ceste livrée luy advenait bien, veu qu'il avoit esté *pervers*. » Il l'amène ainsi accoutré devant son maître Pantagruel et lui demande s'il connaîtrait ce rustre : « Non certes, dist Pantagruel. — C'est monsieur du roy de trois cuittes. Je le veulx faire homme de bien. Ces diables de rois icy ne sont que veaux et ne savent ni ne valent rien, sinon à faire des maulx aux pauvres subjects et à troubler tout le monde par guerre pour leur inique et detestable plaisir. Je le veulx mettre à mestier et le faire crieur de saulce vert. Or, commence à crier : Vous faut-il point de saulce vert. — Et le pauvre diable criait. — C'est trop bas, dist Panurge, et le prit par l'oreille, disant : Chante plus haut, en g, sol, ré, ut. Ainsi, diable, tu as bonne gorge ; tu ne fus jamais si heureux que de n'estre plus roy. — Et Pantagruel prenait à tout plaisir. »

L'histoire va fort bien jusqu'ici ; mais le dernier trait manque encore aux infortunes d'Anarche. Panurge le marie avec une « vieille lanternière, » et Pantagruel leur donne une petite loge « auprès de la basse rue » et un mortier de pierre « à piler la sauce. » Ils font ainsi leur petit ménage et Anarche est aussi « gentil crieur de saulce vert » qu'il avait été mauvais prince. Seulement, sa femme qui, quoique vieille, est encore vive, le rosse d'importance, « et le pauvre sot ne se ose défendre tant il est niays. » (1)

(1) Livre II. Chapitre XXXI.

VI.

Les bons rois. — La paix. Les alliances. L'armée. La clémence. Les sciences et les arts.

Ces « joyeusetés » laissent assez voir l'idée sérieuse et menaçante qui est au fond. Rabelais ne dissimule ni la haine que lui inspirent les méchants rois, ni les dangers de la monarchie. Mais le bien que peut faire un bon prince, personne ne le célèbre mieux que lui. Son Grandgousier, son Gargantua, son Pantagruel, c'est l'humanité, la justice et la raison mêmes, sur le trône. Ce sont d'énormes géants, il est vrai, et leur entretien coûte gros ; mais ils proportionnent leurs services aux dépenses dont ils sont la cause. « O que heureux est le pays qui a pour seigneur un tel homme ! » (1) s'écrient les autres nations, jalouses des Utopiens ; et elles souhaitaient d'être conquises pour être heureuses à leur tour sous les lois de semblables princes.

Ceux-ci seraient indignes de leur gloire s'ils nourrissaient l'esprit de conquête. Aux triomphes éclatants de la guerre, qui font plus de bruit autour d'un nom, ils préfèrent la paix, qui laisse respirer les hommes. Bons chrétiens, ils tirent de l'Evangile des doctrines qui semblent nées d'hier et qui aujourd'hui sont encore des utopies. Ils voudraient, lorsqu'un

(1) Livre I. Chapitre XLV.

différend s'est élevé entre deux Etats, qu'au lieu de recourir aux armes, on recourût à la justice et « qu'on satisfît selon le grief, » (1) comme ils sont prêts à faire eux-mêmes. Ici est en germe cette pensée d'arbitrage international qu'Henry IV a rêvée plus tard et dont il nous a été donné de voir quelques applications de nos jours. Il est impossible de prédire le jour, si jamais il doit venir, où cette institution dominera les rapports des peuples et maintiendra la paix entre eux : mais il est toujours à propos de rappeler aux princes ces belles paroles : « Le temps n'est plus d'ainsi conquester les royaumes avec dommage de son prochain frere christian ; ceste imitation des anciens Alexandres, Hercules, Hannibals, Scipions, Césars et autres tels, est contraire à la profession de l'évangile, par lequel nous est commandé garder, sauver, regir et administrer chascun ses pays et terres, non hostilement envahir les autres. Et ce que les Sarrazins et barbares jadis appeloient prouesses, maintenant nous appelons briganderies et meschantés. » (2)

En attendant que ces principes fussent universellement admis, il était bon, dès le XVIe siècle, de comprendre, comme Rabelais, l'utilité des alliances. L'idée naissante de l'équilibre européen, l'extension des rapports diplomatiques, l'ambition toujours menaçante de Charles-Quint donnaient à cette question, si grave en tous temps, une importance particulière. Voici en quels termes Gallet, l'envoyé de Grandgousier, rappelait à ce fou de Picrochole les avantages

(1) Livre I. Chapitre XLVI.

(2) Livre I. Chapitre XLVI.

de l'Union : « Les nations barbares, Poictevins, Bretons, Manseaux et ceux qui habitent oultre les isles de Canare et Isabella, ont estimé aussi facile demollir le firmament et les abysmes ériger au-dessus des nues, que desemparer vostre alliance ; et tant l'ont redoubtée en leurs entreprises, que n'ont jamais osé provoquer, irriter ni endommager l'un par crainte de l'autre. » L'alliance antique des deux Etats leur garantissait non-seulement une sécurité absolue, mais l'influence la plus glorieuse sur les destinées des autres peuples. Le désir de tous était d'y être admis. « Ceste sacrée amitié tant a empli le ciel, que peu de gens sont aujourd'hui habitants par tout le continent et isles de l'Océan, qui n'aient ambitieusement aspirés estre receus en icelle à pactes pour vous-mesmes conditionnés : autant estimans vostre confederation que leurs propres terres et domaines. » (1) L'union rompue, que devient ce prestige ? Que devient la sûreté même ? C'est ce que Picrochole a appris à ses dépens.

Les héros de Rabelais suivent donc une politique toute pacifique, et de fortes alliances défensives, capables d'inspirer du respect, sont sans doute un des bons moyens qu'il y ait de prévenir les guerres. Mais cela ne suffit point, il faut, avant tout, compter sur soi-même. *Si vis pacem, para bellum.* Nos rois d'Utopie connaissent cette maxime et, tout débonnaires qu'ils puissent être, ils n'ont garde de l'oublier.

Au premier mouvement de Picrochole, les amis de Grandgousier s'émeuvent et offrent « tout leur pouvoir tant de gens que d'argent et autres munitions de guerre. » Ces offres étaient considérables ; Gargantua n'en reçut qu'une

(1) Livre I. Chapitre XXXI.

partie. Les troupes et les finances de son père étaient en assez bon état pour pouvoir, au besoin, suffire à tout sans secours étrangers. Aussi, « grandement les remerciant, il dist qu'il composeroit ceste guerre par tel engin que besoing ne seroit tant empescher de gens de bien. » Il fait seulement mander les troupes qu'il avait prêtes dans ses places fortes et qui se réunissent, « tous par bandes, tant bien assortis de leurs thresauriers, de vivandiers, de mareschaux, d'armuriers et autres gens necessaires au trac de bataille, tant bien instruicts en l'art militaire, tant bien armés, tant bien recocgnoissans et suivants leurs enseignes, tant soudains à entendre et à obeir à leurs capitaines, tant expediés à courir, tant forts à choquer, tant prudents à l'adventure, que mieulx ressembloit une harmonie d'orgues et concordance d'horologe, qu'une armée ou gendarmerie (1). »

Que souhaiterait-on de mieux aujourd'hui ? Et du temps de Rabelais on ne connaissait guère ce bel ordre. Les routiers des guerres d'Italie, certes, n'étaient point gens si soumis. Ils observaient la discipline, à grand'peine, sur le champ de bataille ; mais la bataille finie, il n'était chef qui les retînt : chacun courait au pillage.

Avec une armée comme celle d'Utopie, on ne peut, quand on se trouve provoqué, s'empêcher de faire des conquêtes. C'est ce qui arrive à Gargantua dans sa lutte avec Picrochole. Il se rend bientôt maître de tout le royaume de Lerné. Il s'agit alors de réparer les désastres causés par la guerre ; car, quelque soit l'humanité avec laquelle on l'ait conduite, elle en a toujours causé de grands.

(1) Livre I. Chapitre XLVII.

Gargantua ne garde pas ses conquêtes ; il les laisse au fils de Picrochole, lequel n'a pas encore cinq ans, « et sera gouverné et instruict par les anciens princes et gens savants du royaume. » Il prend seulement la précaution d'établir Ponocrate, son précepteur et son ami, « sur tous gouverneurs entendant, avec autorité à ce requise, et assidu avec l'enfant, jusqu'à ce qu'il le cocgnoistra idoine de pouvoir par soi régir et regner. »

L'avenir est ainsi assuré ; mais, pour le moment, il reste encore à licencier les troupes rassemblées par Picrochole. Il faut prendre garde que ce licenciement ne donne lieu à aucun désordre. Gargantua y pourvoit ainsi : « Je vous absous, dit-il aux vaincus, et vous serez francs et liberes comme paravant. D'abundant, serez à l'issue des portes payés chascun pour trois mois, pour vous pouvoir retirer en vos maisons et familles, et vous conduiront en sauveté six cens hommes d'armes et huit mille hommes de pied sous la conduite de mon escuyer Alexander, afin que par les paisans ne soyez oultragés (1). » On ne montre ni plus de prudence ni plus de générosité. Avec ces mesures, le pays de Lerné se trouve garanti contre ces bandes qui « s'étaient levées par les longues guerres » et qui désolaient les campagnes françaises.

La tâche est simplifiée ici pour le vainqueur parce que, volontairement, il renonce au prix de sa victoire. Mais dans d'autres circonstances, son fils Pantagruel, après avoir battu Anarche, se résout au contraire à garder le royaume de Dipsodie.

(1) Livre I. Chapitre L.

Il commence donc par y envoyer une forte colonie d'Utopiens, car il n'y a point de moyen plus sûr pour consolider une conquête qu'une large colonisation. Mais le but de Pantagruel est double. En même temps qu'il veut « contenir en office et obeissance » ses nouveaux sujets, il entend policer, instruire des peuples encore à demi barbares, et porter les lumières de la civilisation partout où ont paru ses armes. Aussi que trouve-t on, en première ligne, parmi les colons qu'il envoie? « Artisans de tous mestiers, professeurs de toutes sciences liberales, pour ledit pays refraischir, peupler et orner, mal autrement habité et desert en grande partie. » Qu'arrive-t-il de là? Que ces bienfaits retournent à celui qui les prodigue; que, voyant comme les Utopiens vivent heureux sous Pantagruel, et appelés eux-mêmes à ce bonheur, les Dipsodes s'attachent de tout cœur à leur nouveau prince. « Car si les Utopiens, avant cestuy transport, avoient esté féaulx et bien recocgnoissans, les Dipsodes, avoir peu de jours avec eux conversé, l'estoient encore davantage, par ne sçay quelle ferveur naturelle à tous humains au commencement de toutes œuvres qui leur viennent à gré. Seulement se plaignoient, obtestans tous les cieulx et intelligences motrices, de ce que plus tôt n'estoit à leur notice venue la renommée du bon Pantagruel. » C'est ainsi qu'il fit « d'un ange deux. »

Mais il était à bonne école, avec Alcofribas Nasier, pour apprendre la vraie méthode « d'entretenir et retenir pays nouvellement conquestés. » La conduite d'un roi digne de ce nom « n'est, (comme a esté l'opinion de certains esprits tyranniques, à leur dam et deshonneur), (1) les peuples pillant, forçant, angariant, ruinant, mal vexant et régissant avec verges de fer ; bref, les peuples mangeant et devorant, en la façon qu'Homère appelle le roi inique *Demoboron*, c'est-à-dire mangeur de peuple..... Comme enfant nouvellement né, les fault allaicter, bercer, esjouir ; comme arbre nouvellement planté, les fault appuyer, asseurer, defendre de toutes vimeres, injures et calamités. Comme personne sauvé de longue et forte maladie, et venant à convalescence, les fault choyer, espargner, restaurer (2) : de sorte qu'ils

(1) Tout ce chapitre I du Livre III s'oppose directement et intentionnellement aux chapitres III et V du *Prince* de Machiavel, qui y traite justement de la *manière d'entretenir et retenir pays nouvellement conquêtés*. Dans l'un, Machiavel reconnaît « une nécessité naturelle, qui fait que le prince est toujours forcé d'offenser ses nouveaux sujets, soit en les opprimant par gens de guerre, soit par mille avanies qui sont la conséquence de toute acquisition nouvelle. » Dans l'autre, il conclut que le meilleur moyen de conserver une ville qui se gouvernait librement, « c'est de la ruiner. » Il donne des exemples à l'appui de sa thèse ; Rabelais lui oppose d'autres exemples.

(2) Nous avons vu déjà à propos des ravages exercés par les troupes, que le style de Rabelais, tout excessif qu'il semble, ne fait que traduire la véhémence des impressions contemporaines et ne dépasse même pas le ton de certains documents officiels. L'extrait suivant parle des bons et des mauvais princes en un style qui rappelle celui de Rabelais dans le passage que l'on vient de lire et montre une fois de plus l'intime sympathie qui lui faisait penser et sentir, au même degré d'intensité, ce que sentait et pensait la nation elle-même.

« Plusieurs écritures témoignent, que pays, royaumes et régions ne sauraient avoir plus grande félicité ni les habitants iceux moyen tant convenable pour être et demeurer en repos et tranquillité que d'avoir et être conduits par princes dignes de régner, tendant à conserver l'état commun et public, pour être chose causant aux humains, liberté excellente, et par laquelle sont tous pays préservés de corruption et macule. Singulièrement quant iceux princes sont ornés de vertus, humains, cléments et bénins envers leurs sujets....., sont obligés les entretenir de paix, justice

conçoivent en soi cette opinion, n'être au monde roy ne prince, que moins voulsissent ennemi, plus optassent ami. »

Suivent les exemples illustres dignes d'exciter l'émulation d'une âme pantagruélique : Osiris, Ptolémée, surnommé *le Bienfaiteur*, Hercule, qui allait « les humains soulageant des monstres, oppressions, exactions et tyrannies, en bon traitement les gouvernant, en equité et justice les maintenant, en benigne police et *lois convenantes à l'assiette des contrées* (1) les instituant, suppléant à ce que defaillait, ce qui abondait ravalant, et pardonnant tout le passé avec oubliance sempiternelle de toutes les offenses precedentes. »

Rabelais se souvient que la clémence s'est appelée la vertu des rois. Elle n'est qu'une forme de la bonté, et la bonté, sous toutes ses formes, est la qualité essentielle de ses géants. L'épithète de *bon* est alliée indissolublement à leur nom. Comme, après avoir lu Virgile, on dit le *pieux Enée* et le *fidèle Achate*, on dit, en finissant Rabelais, le *bon Grangousier*, le *bon Gargantua*, le *bon Pantagruel*. La bonté, à son sens, est le grand *instrumentum regni*.

« Ce sont les philtres, iynges et attraits d'amour, moyen-

et convenable police, vigilants au bien et commodité d'iceux et au reboutement de toutes choses à eux dommageables et par lesquelles peuvent tomber en calamité et misère. Car, comme l'expérience l'a souvent démontré, plusieurs villes, pays et régions ensemble de tous y habitants ont été désolés, ruinés et détruits par les insolences, maux et tyrannies de leurs princes... »

(Extrait du recès de « l'Assemblée de Messieurs des Trois-Etats du Comté de Bourgogne » tenue à Dôle en 1538.)

(1) Ce mot, jeté en passant, est remarquable. C'est le principe sur lequel repose tout l'*Esprit des lois* de Montesquieu.

nant lesquelz pacifiquement on retient ce que peniblement on avait conquesté. Et plus en heur ne peut le conquerant regner, soit roy, soit prince ou philosophe, que faisant justice à vertu succeder. Sa vertu est apparue en la victoire et conqueste. Sa justice apparoistra en ce que, par la volunté et bonne affection du peuple, donnera lois, publiera edits, establira religions, fera droit à un chacun... C'est pourquoi Homere en son Iliade, les bons princes appelle κοσμήτορας λαῶν, c'est-à-dire ornateurs des peuples... »

Hésiode en est aussi et apporte le suprême éloge. Il fait des « bons princes et grands rois » des *demi-dieux*, des *démons*, des *anges*, des êtres d'une espèce supérieure. Rabelais s'associe de tout cœur à cette sorte d'apothéose et accorde ainsi au mérite ce qu'il a refusé à la naissance. « Hésiode en sa *Hiérarchie*, colloque les bons demons (appelez-les, si voulez, anges ou genies), comme moyens et mediateurs des dieux et hommes : superieurs des hommes, inferieurs des dieux. Et pour ce que par leurs mains nous adviennent les richesses et biens du ciel, et sont continuellement envers nous bien faisans, tousjours du mal nous préservent, les dit estre en office de rois : comme bien tousjours faire, jamais mal, estant acte uniquement royal (1). »

Tels sont les rois de ce pays privilégié, *Utopie*.

(1) Livre III. Chapitre I.

CHAPITRE IV

LE CLERGÉ

Je laisserai de côté la plupart des attaques de Rabelais contre le clergé : c'est à la religion ou, du moins, à sa discipline qu'elles s'adressent.

Mais le clergé, dans la vieille monarchie, formait un ordre politique en même temps qu'un corps religieux. Il était le premier des Trois-Etats de France et ses représentants tenaient la première place dans les grandes assemblées qui représentaient tout le peuple. Il avait une justice à lui, des tribunaux particuliers, où les clercs étaient jugés par des clercs, même pour offenses à des laïques. Il tenait les registres de l'Etat civil, si l'on peut décorer de ce nom les livres où il inscrivait, plus ou moins exactement, les naissances et les baptêmes. Il possédait des biens immenses, et l'impôt ne les atteignait que légèrement et par exception (1) ; bien plus, il percevait lui-même, à son profit, l'impôt de la dîme sur toutes les terres nobles ou non nobles. Avec cela, il avait son chef à Rome, et ce chef, dont les intérêts étaient loin d'être toujours conformes à ceux du Prince ou du Royaume, touchait des redevances sur des biens français.

On comprend dès lors qu'une partie des attaques contre le clergé ait un caractère politique et rentre dans le cadre de cette étude.

I

Le Mariage

Comme il baptisait, le clergé mariait. Aucun magistrat n'intervenait ni pour sanctionner l'acte au nom de l'Etat, ni pour en garder le témoignage. Tout se faisait dans l'Eglise, au nom de la religion, par les mains du prêtre : nulle autre formalité que la bénédiction sacerdotale, et nulle autre garantie. Pour obtenir cette bénédiction, il fallait que les futurs eussent l'âge canonique : les hommes, quinze ans ; les filles, douze ; car il existait quelque peine, comme, par

(1) Il faut dire que François Ier transforma, de fait, l'exception en règle, et leva des décimes presque tous les ans. Mais le clergé n'en resta pas moins privilégié quant à l'impôt.

exemple, l'interdiction de chanter la messe pendant quatre ans, pour le prêtre qui se permettait d'unir des enfants plus jeunes.

Ce point reconnu, le consentement des conjoints était la seule chose nécessaire. Du consentement des parents, il n'était nullement question.

Rabelais s'élève avec violence contre cette façon de procéder, qui devait apporter en effet bien du trouble dans les familles et engendrer de terribles abus. Il n'admet pas que les enfants se marient sans le « sceu et adveu » de leurs pères et mères, car aucune loi, « fust sacrée, fust profane et barbare » ne leur a jamais donné ce droit (1). Moins encore admet-il que le droit d'enlever les enfants aux familles sous prétexte de mariage soit remis à des gens incapables, par état, de se marier eux-mêmes, et qui, pour autant, ne sont point « chapons » (2).

(1) Pasquier ne réclame pas moins fermement sur ce point, que Rabelais lui-même : « Bien scais-je, dit-il (liv. III. lettr. I) que depuis quelques centaines d'ans quelques moines, rapetasseurs de vieilles gloses, nous ont insinué cette barbare et brute opinion, que, de droit canon, le consentement des pères et mères n'était requis au mariage de leurs enfants que par honneur et non par nécessité. » V. l'édition de Rabelais par MM. Burgaud des Marets et Rathery, L. III. Ch. XLVIII, note 1.

(2) Aux Etats de Franche-Comté de 1536, la Chambre de la Noblesse et celle du Tiers-Etat demandent :

« Qu'il plaise à S. M. ordonner que si aucun enfant moins âgé de 25 ans, mâle ou femelle, ayant père et mère, se marie sans le consentement et autorité de son père, il ne leur pourra succéder ; et si le père étoit décédé avant la mère, les filles moindres de 25 ans ne se puissent marier sans le consentement d'elle et de leurs parents paternels plus prochains desdites filles, et faisant le contraire, elles ne pourront succéder à leur mère. — Ordonner aussi que ladite mère, après le trépas du père, ne marie lesdites filles sans le consentement de deux parents paternels

« De mon temps, dit Gargantua, a esté par le continent trouvé pays onquel sont ne sçay quels pastophores taulpetiers, autant abhorrents de nopces, comme les pontifes de Cybele en Phrygie, lesquels ont dit loi aux gens mariés sur le fait de mariage. Et ne sçay que plus doibve abominer, ou la tyrannicque presomption d'iceulx redoubtés taulpetiers, qui ne se contiennent dedans les treillis de leurs mystérieux temples, et se entremettent de negoces contraires par diamètre entier à leurs étatz, ou la superstitieuse stupidité des gens mariés qui ont sanxi et presté obéissance à telles tant malignes et barbariques lois. Et ne voient, (ce que plus clair est que l'estoile matute) comment telles sanctions connubiales toutes sont à l'advantage de leurs mystes, nulle au bien et profit des mariés. Qui est cause suffisante pour les rendre suspectes comme iniques et fraudulentes. »

Il explique et amplifie les douloureuses conséquences. « Moyennant les lois dont je vous parle, n'est ruffian, forfant, scelerat, pendart, puant, punais, ladre, brigant, voleur, meschant en leurs contrées, qui violentement ne ravisse quelle fille il voudra choisir, tant soit noble, belle, riche, honneste, pudique, que sauriez dire, de la maison de son

d'icelles, à peine de l'amender arbitrairement selon ses facultés et qualités. Et pour d'autant mieux obvier aux abus qui se commettent par indues sollicitations de tels mariages, soit ordonné que tels solliciteurs de mariage d'enfants moindres de 25 ans, contre la forme que dessus, soient punis corporellement. — .... Quant à l'interdiction desdits mariages, le S[r] très révérend archevêque de Besançon ... tant en son nom personnel que dudit Etat ecclésiastique et que dudit clergé de son diocèse a expressément contrarié et protesté d'en faire remontrance à S. M. pour l'indemnité et préservation des droitures de son Eglise et autorité épiscopale. Sur quoi il plaira à sa Majesté ordonner à son bon vouloir et plaisir. »

DE TROYES, *Les recès des États* .... (T. 1 p. 25-26).

pere, d'entre les bras de sa mere, maulgré tous ses parens, si le ruffian se y a une fois associé quelque myste, qui quelque jour, participera de la praye. »

Enfin il montre les pauvres parents qui « restent en leurs maisons, privés de leur fille tant aimée, le pere mauldissant le jour et l'heure de ses nopces, la mere regrettant qu'elle n'estoit avortée en tel tant triste et malheureux enfantement, et en pleurs et lamentations finent leur vie, laquelle estoit de raison finir en joie et bon traictement de icelles. »

L'indignation alors l'emporte et il souhaite la mort du « taulpetier » qu'il désespère d'amender. Si quelque père, d'une âme plus « héroïque, » dit-il, vengeait son offense, en « mettant en pieces » l'offenseur, qui oserait le punir? La raison, la nature seraient pour lui et le protègeraient (1).

La conclusion de ce raisonnement, de ces colères et de ces invectives, c'est que, dans une société bien ordonnée, l'Etat doit intervenir dans la question des mariages et n'en pas abandonner exclusivement et sans précautions préalables la célébration aux ministres des différents cultes; c'est aussi que la loi, pour être équitable et sage, doit reconnaître l'autorité naturelle des parents sur les enfants, au moins jusqu'à un certain âge.

Le régime sous lequel nous vivons aujourd'hui donne satisfaction à ce double vœu de Rabelais.

(1) Livre III. Chap. XLVIII. — Le concile de Trente qui se réunit l'année même où un privilége venait d'être accordé à Rabelais pour l'impression de ce troisième livre, fit droit en partie à ces plaintes et ajouta aux conditions de validité du mariage le consentement des parents. C'est sous Louis XIV, seulement, que cette clause, d'abord toute religieuse, fut transformée en loi française par une ordonnance royale. Il fallut la Constituante pour créer le mariage civil.

II

Les Couvents

De même qu'il condamne, au nom de la famille, les mariages faits contre le gré des parents, par l'entremise des « taulpetiers, » Rabelais condamne au nom de l'Etat, ces vastes couvents peuplés de moines oisifs, *de la terre inutiles fardeaux.*

Puisque tous profitent des bienfaits de l'association politique, il faut que tous mettent en commun leur activité et leur force. C'est assez mal remplir ce devoir que de « molester tout le voisinage à force de trinqueballer les cloches » et de « marmonner sans y penser ni entendre » quelques patenôtres qui sont « moque-dieu » non « oraison. » Ils ne prient point, ils font semblant, ce sont « singeries, » qui ont pour cause « la peur de perdre leurs miches et soupes grasses » (1).

Il faut chasser ces fainéants de la société qu'ils exploitent, comme les abeilles chassent les frelons de la ruche.

« Si entendez pourquoy un cinge en une famille est tousjours moqué et harcelé, vous entendrez pourquoi les moines sont de tous refuis, et des vieux et des jeunes. Le cinge ne

(1) Livre I. Chap. XL. Folengo appelle les moines « dévoreurs de pain blanc » (Histoire macaronique. Livre X).

garde point la maison, comme un chien; il ne tire pas l'aroy, comme le bœuf; il ne produit ni lait ni laine, comme la brebis; il ne porte pas le faix, comme le cheval... Semblablement un moine (j'entends de ces ocieux moines) ne laboure, comme le paysant; ne garde le pays, comme l'homme de guerre; ne guérit les malades, comme le médecin; ne presche n'y en doctrine le monde, comme le bon docteur évangélique et pedagogue; ne porte les commodités et choses necessaires à la republique, comme le marchant. C'est la cause pourquoy de tous sont hués et abhorris » (1).

III

L'Argent de France et le Saint-Siége

Il est fâcheux de voir les bonnes gens qui « de leurs biens deciment et roignent du guaing provenant de leurs labeurs et sueur de leurs mains, pour en abondance nourrir et entretenir » (2) cette race parasite et gloutonne. Mais ce qui est bien autrement fâcheux, c'est de voir le Saint-Siége tous les ans tirer de France à Rome de grosses sommes qui feraient bon service aux Français et qui seront peut-être employées, comme au temps du maudit Pape Jules, à sou-

(1) Livre I. Chap. XL.

Je ne vis jamais tant de moines,
Qui vivent et si ne font rien.
Clément MAROT.

(2) Livre III. Chap. XLVIII.

doyer des troupes contre eux et à leur causer mille tourments (1).

Comment les Princes peuvent-ils souffrir qu'en appauvrissant leurs sujets, un prince étranger s'enrichisse et se crée, à leur détriment, une puissance capable de les faire trembler ?

C'est là pourtant ce qui a lieu, grâce à un recueil de vieilles lettres dont la plupart sont apocryphes et de décisions du Saint-Siége auxquelles les rois sont assez fous pour donner force de loi chez eux.

Dans la benoîte île de Papimanie, Homenaz, le bon évêque du lieu, entame l'éloge des *Décrétales*, ces belles et divines Décrétales, dont il possède un exemplaire qu'il regarde comme tombé du ciel et écrit de la main d'un ange. Tout ce qui arrive de bien sur terre n'arrive que par les Décrétales. Ce sont elles qui font trouver le vin bon et qui nourrissent les pauvres mortels (entendez : pauvres prélats) qui sans elles périraient de misère dans cette triste vallée de larmes. Elles donnent la science, elles donnent le repos ; elles garantissent contre la grêle, contre le froid, contre la chaleur ; et cent autres prodiges plus grands.

Panurge écoute bien ces merveilles, mais « il en croit le moins qu'il peut » et expose des prodiges contraires. Les Décrétales gâtent tout ce qu'elles touchent. Le tailleur

(1) La rancune patriotique de Rabelais contre les Papes qui ont été ennemis de la France les poursuit jusqu'en l'autre monde. Il les damne tous sans pitié et, *de par là bas à tous les diables*, le terrible Jules II, par exemple, dépouillé de sa longue barbe, vend des petits pâtés; Boniface VIII écume les marmites ; Urbain VI est croquelardon, etc.

qui les emploie en « patrons et mesures, » coupe de travers ses étoffes et fait des vêtements ridicules. L'archer qui s'en sert comme d'une cible, quelque puisse être son adresse, ne parvient pas à mettre dans le blanc, etc., etc.

« Ce sont toujours miracles » dit Homenaz.

Enfin Epistemon clôt le débat, il cite le miracle le plus grand et le plus authentique à la fois des miraculeuses Décrétales; Homenaz en pâme d'admiration. « Je voudrais, dist Epistemon, avoir payé chopine de trippes à rembourser, et qu'eussions à l'original collationné les terrifiques chapitres : *Execrabilis, De multà, Si plures, De annatis per totum, Nisi essent, Cùm ad monasterium, Quod dilectio, Mandatum*, et certains autres, lesquelz tirent par chascun an de France en Rome quatre cent mille ducatz et davantage. » — « Est-ce rien cela ? » dit Homenaz.

Le bonhomme d'évêque, ironiquement, trouve toutefois que c'est peu de chose, « veu que France la Tres-Chrestienne est unique nourrice de la court Romaine. »

Mais, ajoute-t-il, « trouvez-moy livres au monde, soient de philosophie, de medecine, des loix, des mathématiques, des lettres humaines, voire (par le mien Dieu) de la Sainte-Escriture, qui en puissent autant tirer? Point. Nargues, nargues ! vous n'en trouverez point de ceste auriflue energie ; je vous en asseure. Encore ces diables hérétiques ne les veulent apprendre et sçavoir. Bruslez, tenaillez, cizaillez, noyez, etc., etc., ces méchants hérétiques décrétalifuges, décrétalicides, pires qu'homicides, pires que parricides, décrétalictones du diable. Vous autres gens de bien, si voulez estre dits et reputés vrais christians, je vous supplie à jointes mains ne croire autre chose, autre chose ne penser, ne dire, ne entreprendre, ne faire, fors seulement ce que contiennent nos sacres Decretales et leurs corrollaires ; ce beau *Sixiesme*, ces belles *Clémentines*, ces belles *Extravagantes*. O livres deifiques ! »

Suit un hymne où déborde l'enthousiasme d'Homenaz, vrai prototype des Papimanes qui s'engraissent de Papimanie. En voici la fin toute lyrique : « Qui fait et journellement augmente en abondance de tous biens temporels, corporels et spirituels, le fameux et celebre patrimoine de Saint-Pierre? Saintes Decretales. Qui fait le Saint-Siége apostolique en Rome de tout temps et aujourd'hui tant redoubtable en l'univers, qu'il fault ribon ribaine, que tous rois, empereurs, potentats et seigneurs pendent de lui, tiennent de lui, par lui soient couronnés, confirmés, authorisés, viennent là boucquer et se prosterner à la mirifique pantoufle...? *Belles Decretales de Dieu !* » (1)

IV

La Pragmatique et le Concordat

Sous ces moqueries se cache une attaque au Concordat de 1516.

Rabelais, avec raison, gardait ses préférences pour la vieille et « bonne dame » Pragmatique Sanction, fille de Charles VII.

(1) Livre IV. Chap. LIII.

La Pragmatique avait le double mérite d'être plus libérale et plus gallicane. Libérale, elle enlevait aux Papes, pour la donner aux chapitres et aux moines, la nomination des abbés et des évêques. Gallicane, elle limitait les appels en cour de Rome et abolissait les *réserves*, les *grâces expectatives* et les *annates*, c'est-à-dire ôtait aux Pontifes les moyens de battre monnaie à l'aide des bénéfices français. L'Eglise de France l'accueillit avec joie, tandis que le Saint-Siége la repoussait comme attentatoire à ses « droits » et protestait jusqu'à ce qu'enfin il eût obtenu le Concordat.

Ce nouvel acte était favorable au Pouvoir absolu du roi et aux prétentions du Saint-Siége. Il reprenait aux moines et aux chapitres la nomination des abbés et des évêques pour en gratifier le roi, lequel reconnaissait au Pape le droit de libre confirmation. La restriction des appels en cour romaine fut maintenue ; de même la suppression des réserves et des grâces exspectatives. Mais rien n'était dit des annates, qui par le fait furent rétablies, et l'argent gaulois se remit à prendre la route de Rome, comme si ce n'eut été assez, pour épuiser le pays, des guerres contre Charles-Quint.

Voilà ce qui excite, et non sans motif, la verve de Rabelais. Flétrir l'avarice des Pontifes (1), c'est signaler la faute du roi, peu soucieux de l'épargne publique (2).

(1) Erasme aussi dans *l'Eloge de la Folie*, s'emporte contre la cupidité et le luxe des Papes. Ils se servent, dit-il, de leur pouvoir spirituel pour conserver et acquérir des biens temporels ; tout tend à l'augmentation du patrimoine de St-Pierre ; « car cet apôtre, qui a dit dans l'Evangile : *Nous avons tout laissé pour vous suivre*, possède aujourd'hui des champs, des villes, des vassaux, lève des impôts et se pose en souverain. »

(2) François 1er avait sacrifié en partie aux exigences du Pape afin de satisfaire sa propre ambition et de faire faire un pas de plus à la monar-

Comme la sortie contre les prêtres qui unissent en secret des enfants aboutit au mariage civil; comme les attaques contre les moines ocieux mènent à l'abolition de la dîme qui fait subsister leurs couvents; les railleries contre les Décrétales conduisent à la condamnation de la politique adoptée par le roi de France envers le Pape; elles sont un vœu pour la réforme des abus qu'entraînait de nouveau la collation des bénéfices, abus que toutes les Décrétales n'eussent jamais pu ressusciter sans le concours de cette politique.

Rabelais était un gallican, parce qu'il était un patriote.

chie absolue en lui mettant tout le clergé dans la main. Mais il n'aimait guère plus que Rabelais à voir l'argent de France s'en aller à Rome et, dans la pratique, on trompa, autant qu'on le put, la cupidité du St Siége. Le Pape comptait lever les annates d'après les revenus réels des bénéfices; mais on fit de fausses déclarations. Les officiers royaux et les magistrats s'arrangèrent de façon à rendre les vérifications impossibles. L'abus fut ainsi diminué par la fraude, mais n'en subsista pas moins, et notable.

CHAPITRE V

LA NOBLESSE

Placée entre la Royauté et le Tiers-Etat, tous deux en pleine croissance, amoindrie par les communes, dépouillée par le souverain, la noblesse française depuis longtemps déclinait.

En comparaison des domaines réunis aux biens de la couronne, elle ne tenait plus que de petits domaines. Sur les terres mêmes qui lui restaient, elle n'était plus maîtresse, selon le mot d'un observateur contemporain, qu'*en premier ressort*. Partout l'autorité du Prince pénétrait aux dépens de la sienne. L'institution, dès le XIIIe siècle, des appels et des grands bailliages, puis l'extension constante des cas royaux, la création successive des Parlements de Paris, de Toulouse, Grenoble, Bordeaux, Aix et Rouen, avaient singulièrement réduit le rôle des justices seigneuriales. Enfin, devant les armes nouvelles, et en face des troupes permanentes, les gentilshommes, revêtus d'armures impuissantes à les protéger, ne guerroyant plus pour leur compte, voyaient peu à peu leur ancienne supériorité militaire passer à l'état de souvenir.

Lorsque les peuples s'aperçurent que la noblesse n'avait plus ni l'importance politique, ni l'utilité sociale qui avait fait sa grandeur, ils lui retirèrent leur respect et en vinrent à s'étonner qu'elle conservât ses privilèges.

Les doctrines de la Réforme, dont un grand nombre d'esprits tiraient des conséquences égalitaires, aidèrent à ce mouvement d'opinion. Au temps de Montluc, la chasse, dit-il, était devenue impossible en Guyenne. Quand les paysans calvinistes voyaient courir les gentilshommes sur les champs cultivés de leurs mains, ils saisissaient leurs arquebuses. Ils se refusaient à payer les redevances, à moins qu'on ne pût leur en faire voir l'obligation dans l'Evangile. Plusieurs nobles avaient fini par céder à ces résistances et par demander simplement qu'on les laissât vivre tranquilles.

On sait les excès des anabaptistes en Allemagne.

Mais avant que les révoltes religieuses n'eussent amené là le bas peuple, l'influence toute profane et plus raffinée de la Renaissance, opposée en tout aux principes du Moyen-Age, avait dépouillé bien des esprits cultivés des préjugés de caste et de hiérarchie. Ce fut l'Italie, la terre classique de la

Renaissance, qui donna le signal des attaques. Le Pogge, qui mourut en 1459, jugeait déjà ainsi les nobles de l'Europe : « Un noble napolitain est un animal qui se croit d'autant plus noble qu'il agit moins ; sa paresse est le plus beau trait de son écusson. En Allemagne, on a un fief et on pille son voisin. En France on vit dans ses terres, on chasse, on danse, on s'abîme de dettes, et l'on pare en tierce et en quarte les réclamations de ses créanciers. C'est une bien belle chose que la noblesse ! »

M. Philarète Chasles, qui cite ce passage (1), ajoute que presque tous les écrivains italiens du XVIe siècle ont composé quelques écrits contre la noblesse de race.

Rabelais fut assez longtemps à l'école de ces écrivains, il prit leur scepticisme relativement à la naissance, et il y joignit quelque peu de ce goût niveleur propre au génie français.

I

Le Blason.

On a vu, à propos des rois, l'estime qu'il fait de la « généalogie et antiquité » des familles. Sa philosophie, sous ce rapport, range sur une seule ligne monarques et sujets, seigneurs et manants, « gueux de l'hostière » ou autres.

(1) *Histoire de la littérature et de la langue française pendant le XVIe siècle* (couronnée par l'Académie).

Dans un passage du Livre IV, il tourne en raillerie le blason. Un jour, dans leur longue odyssée à la recherche de la dive bouteille, Panurge et ses bons compagnons « en haute mer » entendirent un bruit, comme de « gens parlants en l'air » et « n'y voyaient toutefois personne. » Panurge s'effraye, Pantagruel le tance : il faut d'abord savoir « que c'est. » Le pilote les informe qu'ils sont aux confins de la mer glaciale, au lieu où se donna, l'hiver précédent, une terrible bataille entre les Nephelibates et les Arimaspiens, qu'au fort de la lutte, les paroles des combattants ont été gelées et qu' « à ceste heure, advenante la serenité et temperie du bon temps, elles fondent et sont ouïes. » Panurge tout à fait rassuré, demande à en *voir* quelques-unes. « Tenez, tenez, dit Pantagruel, voyez en cy qui ne sont encore dégelées. — Lors, nous jetta sur le tillac pleines mains de paroles gelées, et sembloient dragées perlées de diverses couleurs. » Ils y voient « des motz de gueule, des motz de sinople, des motz d'azur, des motz de sable, des motz dorés. — Lesquelz, ajoute le narrateur, estre quelque peu eschauffés entre nos mains, fondoient comme neige, et les oyons realement. Mais ne les entendions : car c'estoit langage barbare (1). »

C'est langage barbare, en effet, quand on se souvient trop que tous les hommes, par l'origine au moins, se valent, et que tous « veu l'admirable transport des regnes et empires, » comptent également des mendiants et des princes parmi leurs ancêtres.

(1) Livre IV, ch. LVI.

II

La Chevalérie.

Rien de surprenant, après cela, si Rabelais ridiculise les restes de l'ancienne chevalerie, les ordres religieux ou laïques, où nul ne pouvait être admis sans fournir ses preuves de noblesse.

Les membres des ordres religieux peuplent les cages de l'île Sonnante. Leur plumage change d'heure en heure comme la peau du caméléon. « Et tous ont au-dessous de l'aisle gauche une marque, comme de deux diametres mipartissans un cercle, ou d'une ligne perpendiculaire tombante sus une ligne droite. A tous est presque d'une forme mais non à tous d'une couleur. Ni prêtres, ni laïques, ils forment une espèce mixte ; *ni chair ni poisson*, dit-on vulgairement. « Qui sont, demanda Panurge, ceux cy ? et comment les nommez ! — Ilz sont, répondit Editue, metifs. Nous les appelons *Gourmandeurs* et ont grand nombre de riches gourmanderies en vostre monde, — Je vous prie, dis-je, faites-les un peu chanter... — Ilz ne chantent, respondit-il, jamais, mais ilz repaissent au double en recompense. » Ici des accusations d'intempérance et de débauches impossibles à reproduire.

Puis c'est le tour des chevaliers laïques. Quoique vivant

hors de l'île Sonnante, ils ont pris des aîles, eux aussi. Lorsque les gourmandeurs s'empressent autour des amis de Pantagruel; « Le motif de leur venue icy près de vous, dist Editue, est pour voir si parmy vous cognoistront une magnifique espece de gots, oiseaux de proye terribles, non toutes fois venans au leurre ni recocgnoissans le gand, lesquelz ils disent estre en vostre monde : et d'iceux les uns porter jects aux jambes bien beaux et precieux, avec inscription aux vervelles, par laquelle qui mal y pensera est condamné d'estre soudain tout..... *souillé;* et autres au devant de leur pennage porter le trophée d'un calomniateur, et les autres y porter une peau de belier (1). »

Les chevaliers de la Toison d'Or, ceux de Saint-Michel, ceux de la Jarretière ne sont donc pas plus épargnés que les chevaliers de Jérusalem.

III

Le Droit d'aînesse.

Quand elle est un corps politique, il faut que la noblesse soit riche. Pauvre elle ne se soutiendrait pas ; la puissance lui glisserait des mains, et tout lui manquerait avec l'or.

Mais dans les sociétés modernes, d'où la violence est exilée, il n'y a qu'un moyen de conserver dans la noblesse les grandes fortunes : c'est la pratique du droit d'aînesse. Par

(1) Livre V, chapitre V.

là, les maisons se forment vite et, une fois formées, elles subsistent. Enlevez ce fondement, tout tombe. A chaque génération, la fortune se divise. Elle s'en va diminuant sans cesse et, en un temps relativement court, si le travail ne l'a renouvelée, elle disparaitra entièrement.

Comme le travail n'était pas noble, demander, au XVIe siècle, la division des héritages entre tous les enfants, « soient masles ou femelles, » c'était demander implicitement la ruine même de la noblesse, et c'est ce que Rabelais a demandé. Il sait bien qu'à brève échéance, « la maison sera dissipée, » mais cela ne l'arrête point, car, dit-il, ce partage égal, « raison le veult, nature l'ordonne et Dieu le commande (1). »

Les lois sont entrées à leur tour dans ce concert et se sont prononcées dans le même sens que la *raison*, la *nature* et *Dieu*, selon Rabelais.

(1) Livre V, chap. IV.

CHAPITRE VI

LA JUSTICE

Divisée, comme elle le fut jusqu'en 1789, en pays de droit coutumier et en pays de droit écrit, la France avait au XVI siècle, une législation compliquée, confuse, en voie de se transformer, et, à la faveur d'un tel état de choses, la corruption s'introduisait trop souvent au cœur de la magistrature.

Le peuple sentait vivement ce double mal et, dès qu'il put faire entendre sa voix, il se plaignit, demanda des remèdes : la réforme de l'ordre judiciaire et une révision générale des anciennes lois et ordonnances.

Ce vœu exprimé avec force en 1561 par les Etats d'Orléans, était déjà celui de Rabelais. D'une part, il attaque violemment les mœurs basses, vénales ou barbares des magistrats ou de leurs agents; de l'autre, il raille les lois mal faites et indique dans quelles conditions on en pourra rédiger de bonnes.

I

Réforme dans la Jurisprudence.

Depuis longtemps l'insuffisance et l'incertitude du droit coutumier avaient attiré l'attention. Charles VII avait décrété la rédaction et la publication de toutes les coutumes de France. Ce travail fut exécuté en grande partie sous Louis XII, mais, abandonné après lui, il ne se finit que sous Henri IV.

Dès le début cette publication, sur bien des points, fut un redressement. On y sent « la prépondérance du Tiers-Etat, de son esprit et de ses mœurs... A ce genre d'altération, que les coutumes subirent presque toutes, se joignit pour les transformer la pression que le droit romain exerçait de plus en plus sur elles et qui, à chaque progrès de notre droit national, lui faisait perdre quelque chose de ce qu'il tenait de la tradition germanique (1). »

C'était en effet le droit romain qui devait finir par prévaloir. Il avait eu pour lui les rois, dont il favorisait le pou-

(1) Augustin THIERRY. *Essai sur l'Histoire du Tiers-Etat.*

voir. Il charmait, par son caractère de simplicité et de grandeur, par la langue même dans laquelle il était écrit, les esprits cultivés, nourris des lettres classiques.

Mais ce droit romain qui marchait à un triomphe définitif, qui avait l'avenir devant lui, était souvent moins compris qu'admiré. Ce fut seulement au XVIe siècle, avec Alciat, puis Cujas, qu'on arriva à l'entendre parfaitement. Les progrès de la jurisprudence désormais furent rapides et sûrs. Mais ces deux maîtres, surtout le premier, eurent de rudes combats à soutenir et des résistances obstinées à vaincre. La foule des légistes routiniers s'opposa à leur enseignement; les *Accursiens*, attardés dans leurs gloses, les *Bartholistes*, égarés dans le fatras de leurs citations, se liguèrent contre cette critique, qui jetait trop de jour dans les ténèbres où ils avaient pris l'habitude de vivre.

Il est probable que Rabelais connut la réforme d'Alciat(1), car il était fort attentif à tous les mouvements de l'esprit; toutefois je ne sache pas qu'il le nomme. Mais Alciat avait professé avec éclat à Bourges, et Rabelais dit que Pantagruel « vint à Bourges, où estudia bien longtemps, et profita beaucoup en la faculté des loix (2). »

Ce qui est certain, c'est qu'il professe des maximes entièrement semblables à celles du maître milanais; c'est que, d'avance et fort nettement, il marque la voie au bout

(1) Alciat meurt en 1550, Rabelais en 1553. Alciat avait professé en France, à Avignon, puis à Bourges. Quand il fut célèbre, François Sforza le réclama.

(2) Livre II, chap. V.

de laquelle notre Cujas trouvera sa gloire. Pour lui, le légiste qui n'est que légiste, qui toute sa vie n'a étudié que les lois, est incapable d'y rien comprendre ; il faut, pour en saisir le sens, être pénétré de l'esprit du temps où les lois ont été portées, en connaître à fond les mœurs, les arts, la littérature ; il faut, de plus, être philosophe pour juger sainement de ces choses, en apercevoir les rapports, pouvoir faire remonter les lois jusqu'à la source d'où elles dérivent, qui est la raison même de l'homme, sa conscience, son fond éternel.

Cette conception d'une méthode neuve, scientifique, large et féconde, lui inspire un dédain profond des commentateurs enfoncés dans l'ornière des anciens errements. Dès l'instant qu'il voit ce qui est à faire, il accable ceux qui ne l'ont pas fait, ceux qui ne l'ont pas même soupçonné. « Les livres des loix lui semblent une belle robe d'or triomphante et precieuse à merveille, mais qui seroit brodée..... d'*ordure* (1). »

Cette broderie, ce sont « les sottes et desraisonnables raisons, et ineptes opinions d'Accurse, Balde, Barthole, de Castro, de Imola, Hippolitus, Panorme, Bertachin, Alexander, Curtius, et ces autres vieux mastins, qui jamais n'entendirent la moindre loi des Pandectes, et n'estoient que gros veaux de dismes, ignorans de tout ce qu'est nécessaire à l'intelligence des loix. »

Puis il expose complaisamment ce qui leur manquait, ce qu'il estime indispensable à l'éducation d'un juriste. « Comme

(1) Livre II, chap. V.

il est tout certain, ilz n'avoient connaissance de langue ny grecque ny latine, mais seulement de gothique et barbare. Et toutefois les loix sont premierement prises des Grecs, comme vous avez le tesmoignage de Ulpien, *l. posteriori de origine juris*. Et toutes les loix sont pleines de sentences et mots grecs : et secondement, sont redigées en latin le plus elegant et aorné qui soit en la langue latine, et n'en excepterois volontiers ny Salluste, ny Varron, ny Cicéron, ny Sénèque, ny TiteLive, ny Quintilian. Comment donc eussent peu entendre ces vieux resveurs le texte des loix, qui jamais ne virent bon livre de langue latine ? Comme manifestement appert à leur stile, qui est stile de rammonneur de cheminée, ou de cuysinier et marmiteux, non de jurisconsulte ? Davantage, veu que les loix sont extirpées du milieu de philosophie morale et naturelle, comment l'entendront ces folz, qui ont par Dieu moins estudié en philosophie que ma mulle ? Au regard des lettres d'humanité et cocgnoissance des antiquités et histoires, ils en estoient chargés comme un crapaud de plumes... dont toutesfois les droits sont tous pleins et sans ce ne peuvent estre entendus, comme quelque jour je monstrerai plus apertement par escrit (1). »

Cette promesse de Pantagruel n'a pas été tenue par Rabelais ; mais ce passage suffit à mettre sa pensée en pleine lumière. On ne trouverait point, dans la méthode du grand professeur de Toulouse, un élément essentiel qui ne soit indiqué ici. C'est un beau titre pour Rabelais. Mais il a fait

(1) Livre II, chap. X.

plus que de dicter à la science du droit romain ses conditions de renouvellement; il a deviné, signalé le résultat le plus considérable des études faites selon ce programme.

En le suivant, Cujas retrouva, sous les altérations et interpolations du siècle de Justinien, sous le texte de Tribonien, tronqué, transformé, falsifié, le texte véritable des illustres jurisconsultes du IIe et du IIIe siècle, les Ulpien et les Papinien (1).

Voici en quels termes Rabelais, admirateur des lois Romaines, parle des recueils de Tribonien (2), qu'acceptaient sans discernement, sans critique, les Juges de *Myrelingues* :

« Tout leur directoire en judicature usuale a esté baillé par un *Tribunian*, homme mescreant, infidele, barbare, tant maling, tant pervers, tant avare et inique, qu'il vendoit les loix, les éditz, les rescrits, les constitutions et ordonnances, en purs deniers, à la partie plus offrante. Et ainsi leur a taillé leurs morceaux par ces petits bouts et eschantillons de loix qu'ils ont en usage : le reste supprimant et abolissant, qui faisoit pour la loy totale; de peur que, la loy entiere restante et les livres des antiques jurisconsultes veuz, sus l'exposition des Douze tables et éditz des preteurs, fust du monde apertement sa meschanceté cogneue » (3).

(1) V. Henri Martin. Tome IX. Livre LI.

(2) De 1533 à 1545, Rabelais a médité encore et fait un nouveau progrès. Dans le IIe livre, il s'en prend violemment aux annotateurs, mais il admire le texte des *Pandectes* : « Il n'y a, dit-il, livres tant beaux, tant aornés, tant élégants » ; c'est seulement la broderie qui n'est « qu'ordure et vilenie. » Dans le IIIe livre, sa vue est plus profonde et sa critique remonte plus haut. Les lois de Tribonien à leur tour ne lui paraissent que la broderie souvent, elle aussi, « infâme et punaise » de la Loi des Douze Tables et des édits du Prêteur.

(3) Livre III. Chap. XLIV.

II

Les Lois mal faites. Brydoie

Prises du Digeste ou des Douze Tables, de la coutume de Vermandois ou de la coutume de Normandie, les lois doivent être claires et simples.

Le législateur qui renouvelle une loi romaine, cette loi fût-elle parfaite, celui qui rédige une coutume, cette coutume fût-elle excellente, créeront une nouvelle cause de maux, s'ils ne se font entendre clairement. L'obscurité des lois rend les procès longs et hasardeux. Après bien des peines, bien de l'argent perdu, après plusieurs années de chicane, ce sont enfin les dés de Brydoie, qui décident du sort des parties. Les lenteurs, les complications ne profitent naturellement qu'aux juges, aux avocats et aux huissiers. Les malheureux plaideurs se ruinent et meurent quelquefois longtemps avant qu'on ne rende l'arrêt qu'ils sollicitent.

Que sera-ce si, à des lois obscures, s'ajoute une procédure d'une longueur exagérée, si une foule de règlements inutiles ou pernicieux, viennent encore entraver l'action déjà pénible de la justice ? Il n'y aura plus de ressource contre l'arbitraire des magistrats, ou contre leur rapacité, protégée par de tels remparts.

Rabelais combat vigoureusement les lois dont le sens n'est

pas net. Il fait plaider devant Pantagruel deux nobles seigneurs, dont les noms ne se peuvent rapporter ici, et leurs discours, parodies de ces lois et des harangues auxquelles elles donnaient lieu, se composent d'un galimatias triple.

Le premier commence de cette sorte : « Monsieur, il est vray qu'une bonne femme de ma maison portoit vendre des œufs au marché. Mais, à propos, passoit entre les deux tropicques six blancs, vers le zenith et maille, par autant que les monts Rhiphées avaient en ceste année grande sterilité de happelourdes, moyennant une sedition de ballivernes mues entre les barragouins et les accoursiers... » Et ainsi de suite, jusqu'à la conclusion : « Pour ce, Monsieur, je requiers que par vostre seigneurie soit dit et declaré sur le cas ce que de raison, avec despens, dommages et interetz. »

L'autre ne répond pas moins clairement : «Doids-je endurer qu'à l'heure que je mange au pair ma soupe, sans mal penser ny mal dire, l'on me vienne ratisser et tabuster le cerveau, me sonnant l'antiquaille, et disant :

> **Qui boit en mangeant sa soupe,**
> **Quand il est mort, il ne voit goutte.**

Et, sainte Dame, combien en avons-nous veu de gros capitaines, en plein camp de bataille, alors qu'on donnait les horions du pain benist de la confrairie... » Et la conclusion « comme dessus, avec despens, dommages et interetz. »

Voilà, ce semble, de quoi embarrasser le bon Pantagruel dans ses fonctions de juge. Mais, ayant étudié le droit tel qu'on l'enseignait alors, il trouve ces discours moins obscurs que certaines lois de sa connaissance. Il rassemble les Conseillers et Docteurs et leur demande ce qu'ils pensent du différend « dont est question » A quoi ils répondent tous d'une voix : « Nous l'avons véritablement ouy, mais nous n'y avons entendu au diable la cause. » Et ils le prient d'en décider tout seul : « Et bien, messieurs, dist Pantagruel, puisqu'il vous plaîst, je le feray, mais je ne trouve le cas tant difficile que vous le faites. Votre paraphe *Caton*, la loy *Frater*, la loy *Si quis*, la loy *Gallus*, la loy *Quinque pedum*, et tant d'autres sont bien plus difficiles en mon opinion » (1).

L'obscurité ici vient des termes de la loi; mais elle peut avoir d'autres causes. Elle existera, par exemple, si l'on produit sur un même point, plusieurs lois claires qui se contredisent. Et c'est ce qui arrivait souvent dans l'organisation ancienne, réseau embrouillé de législations et de juridictions diverses, mal définies, empiétant les unes sur les autres. La clarté implique l'unité. L'Hôpital, comme Rabelais, en sentit le besoin, et ses *Ordonnances* tendent à l'établir, dans la mesure de ce qui était alors possible (2).

Mais au milieu de ce labyrinthe, formé par des textes mal conçus et que redoublent des confusions de textes, de procédures, d'attributions, quoi de mieux à faire que de marcher au hasard ? L'honnêteté du juge, s'il était honnête, ne saurait trouver la justice. Pour la découvrir au centre de ces dédales infinis, sous « les escritures » qui se multiplient sans relâche, qui bientôt la couvrent d'un effroyable amas de « sacs, » un miracle est nécessaire. Brydoie a donc raison

(1) Livre II. Chapitres XI, XII, XIII.

(2) V. Chalamel. *Mémoires du Peuple Français*. Tome VI. Page 74.

de s'en remettre au jugement des dés, à la grâce de Dieu ou, comme dit Pantagruel, à la faveur des intelligences motrices.

« Lesquelles (en contemplation de la simplicité et affection sincère du juge Brydoie, qui, soy desfiant de son savoir et capacité, cocgnoissant les antinomies et contrarietés des loix, des édits, des coustumes et ordonnances, entendant la fraude du calomniateur infernal, lequel souvent se transfigure en messagier de lumiere, par ses ministres, les pervers advocats, conseilliers, procureurs et autres tels suppotz, tourne le noir en blanc, fait fanstasticquement sembler à l'une et à l'autre partie qu'elle a bon droit (comme vous savez qu'il n'est si mauvaise cause qui ne trouve son advocat, sans cela jamais ne serait procès au monde); se recommanderoit humblement à Dieu le juste juge, invocqueroit à son aide la grace celeste ; se deporteroit en l'esprit sacro saint du hasard et perplexité de sentence definitive, et par ce sort exploreroit son decret et bon plaisir, que nous appelons arrest;) remueroient et tourneroient les dez pour tomber en chance de celuy qui, muny de juste complaincte, requeroit son bon droit estre par justice maintenu » (1).

Cette méthode est si bonne que, pendant quarante ans et plus, Brydoie s'en sert avec succès, sans que ses jugements soient en rien moins équitables que ceux des autres juges et sans qu'on trouve jamais en lui acte digne de répréhension.

(1) Livre III. Chap. XLIV. J'ai modifié légèrement, dans ce passage, le texte adopté par MM. Burgaud des Marets et Rathery. En reportant vers la fin de la phrase la fermeture de la parenthèse qui s'ouvre dès le second mot, et en écrivant, au lieu de *entendent*, *entendant*, j'ai rendu parfaitement clair ce qui était inintelligible.

A la fin pourtant le bonhomme est traduit devant le parlement de Myrelingues, pour avoir donné « certaine sentence contre l'esleu Touscheronde, » laquelle semble injuste « à icelle cour *centumvirale*, » et là il expose à loisir, avec le calme d'une bonne conscience, « comment se sentencient les proces au sort des dez. » Sa seule réponse à toutes les accusations est qu'il devient vieux et n'a plus la vue aussi bonne que jadis, qu'en conséquence il ne distingue plus aussi nettement les points des dés et a bien pu prendre un *quatre* pour un *cinq* ; — mais, ajoute-t-il, les imperfections de nature ne peuvent être imputées à crime. — Jamais railleries ne furent plus mordantes que ces aveux, d'une naïveté cruelle.

« Quelz dez entendez-vous ? demanda Trinquamelle, grand Président de la Cour. — Les dez, respondit Brydoie, des jugements, *alea judiciorum*, desquelz vous autres messieurs ordinairement usez en cette vostre cour souveraine ; aussi font tous autres juges en décision des procès... — Et comment faites-vous, mon amy ...? — Je fais comme vous autres, Messieurs, et comme est l'usance de judicature... Ayant bien veu, reveu, leu, releu, paperassé et feuilleté les conplainctes, ajournements, comparitions, commissions, informations, avant-procédes, productions, allégations, etc., etc., etc..., exploits et autres telles dragées et espiceries d'une part et d'autre, comme doibt faire le bon juge..., je pose sur le bout de la table, en mon cabinet, tous les sacs du defendeur, et lui livre chanse premierement, comme vous autres messieurs. *Cum sunt partium jura obscura, reo favendum est, potius quàm actori*... Cela fait, je pose les sacs du demandeur sur l'autre bout, *visum visu*. Car *opposita juxtà se posita magis elucescunt.* Pareillement, et quant et quant, je lui livre chanse. — Mais à quoi connaissez-vous l'obscurité des droits pretenduz par les parties plaidoyantes. — Comme vous autres, Messieurs, savoir est quand il y a beaucoup de sacs d'une part et d'autre. »

Dans ces curieuses réponses, que j'ai fort abrégées, et à regret, Trinquamelle remarque une chose en effet fort remarquable : c'est que Brydoie, pour juger au sort des dés, n'en lit pas moins scrupuleusement toutes les pièces de la procédure, toutes les « paperasses » dont je n'ai pu qu'indiquer l'interminable liste. Ne serait-il mieux de « livrer la chance » le jour même où les parties ont comparu devant leur juge? « Non, dit Brydoie, car cette lecture me sert à trois choses exquises, requises et authentiques. » Elle sert premièrement pour la forme (1), « en omission de laquelle ce qu'on fait n'est point valable. » Elle sert en second lieu, « d'exercice salutaire et honneste, recommandé par les medecins. » Enfin, elle laisse « murir » les choses : le temps est père de vérité, et l'attente dispose les parties à mieux accepter la sentence (2).

(1) Le Bridoison de Beaumarchais tient donc de son grand'père, le Brydoie de Rabelais, son culte de la fo-orme.

(2) La longueur des procès était interminable. « L'Arrêt sera donné ès prochaines Calendes grecques, c'est-à-dire jamais, » dit Rabelais à propos de la querelle de maître Janotus et des Sorbonnistes... « Ces avalleurs de frimas font les procès devant eux pendants et infinis et immortels. Ce que faisants ont donné lieu et vérifié le dit de Chilon Lacédémonien, consacré en Delphes, disant : « Misère estre compagne de procès, et gens plaidoyants misérables. Car plustôt ont fin de leur vie que de leur droit prétendu. » (Livre I. Chap. XX).

Ici Bridoie raconte l'histoire de Perrin Dandin, « l'appoincteur de procès, » sorte de juge de paix privé, et qui ne doit son succès dans l'art de terminer les différends, qu'à l'habileté avec laquelle il sait attendre le moment propice. Il les prend sur leur fin « bien meurs et digerés » quand les bourses sont vides, quand « il manque seulement quelqu'un qui soit comme paranymphe et mediateur, pour sauver l'une et l'autre partie de ceste pernicieuse honte qu'on dise : Cestuy ci premier s'est rendu. » Là il se trouve « comme lard en pois ; » par ce moyen, il mettrait paix « entre le grand Roy et les Venitiens, entre l'Empereur et les Suisses, entre les Anglois et Ecossois, entre le Pape et les Ferrarois. »

C'est pourquoi Brydoie, comme les autres, juge à propos de temporiser et d'attendre que le procès arrive à sa perfection en tous membres. Un procès, à son origine, est quelque chose d'informe « une laide beste. » Comme un ours naissant « n'a pieds, ne mains, peau, poil, ne teste ; ce n'est qu'une piece de chair, » où rien ne se distingue ; l'ourse « à force de lêcher » le fait venir à bien : Ainsi « les Juges

De bonne heure les rois avaient cherché à remédier à ce mal en obligeant les juges à un travail régulier et considérable: *L'Ordonnance sur le fait de justice*, de Charles VIII, en juillet 1483, porte : « Injonction aux Conseillers du Parlement d'être entrés et assemblés en toutes les Chambres, depuis la Saint-Martin d'hiver jusques à Pâques, avant que sept heures soient sonnées, et depuis Pâques jusques à la fin du Parlement aussitôt après six heures du matin, — sans sortir, — et si quelques-uns font le contraire, ils devront être punis par privation de leurs gages, suspension de leurs offices. »

Le mal subsista et nous voyons Henri III essayer encore de le combattre, en décidant que la senteuce serait rendue immédiatement si les parties l'exigeaient (V. Chalamel, *Mémoire du peuple Français*, Tome VI, Page 75.)

et les sergents (1), huissiers, apparitcurs, chicaneurs, procureurs, commissaires, etc., etc., sugçants bien fort et continuellement les bourses des parties, engendrent à leurs procès teste, pieds, griffes, dents, mains, veines, arteres, nerfs, muscles, humeurs. Ce sont les sacs... La vraie etymologie de proçès est en ce qu'il doit avoir en ses prochats prou sacs... »

Ces sacs enrichissent nos « sugceurs » qui se conforment en tout à cette maxime papale : *accipe, sume, cape*. Mais Brydoie, qui a le mot pour rire, observe qu'en ceci « plus heureux sont les plaidoyans que les ministres de justice. » N'y a-t-il pas plus de bonheur à donner qu'à recevoir ? *Beatius est dare quàm accipere*, dit Brydoie (2).

(1) « Le mot *sergent* se dérive de *serviens* ; autres le prenne à cause de leurs charges : *sergens*, quasi *serre-gens*, parce qu'ils constituent prisonniers les malvivants, par ordonnance des juges, et les débiteurs obligés par corps. Autres comme Rebuffe, par risée, de *serre-argent*, qui est le moins probable, combien que ceux de cette qualité n'oublient ordinairement leurs mains en l'exercice de leurs charges, quelques réglements que l'on ait pu faire de leurs salaires. » *Offices de France*, par CHENU, Paris 1520

Rabelais aussi était pour *serre-argent*.

« ... Quelqu'un de notre bande voulut vendre à un *serre-argent* des chapeaux de cassade. » (Livre V. Chapitre XI.)

(2) Livre III. Chapitre XXXIX, XL, XLI, XLII.

III

Les Huissiers et les Procureurs

Malgré cette malice, Brydoie est bon diable. Rabelais, au fond, ne lui en veut pas. C'est aux huissiers (chiquanous) et aux procureurs (procultous) qu'il en veut dans l'âme. Ces agents rongeurs, aussi déliés que Brydoie est simple, sont ses ennemis particuliers. Il ne se lasse point de les attaquer ; il leur meurtrit le dos à coups de fouet, et cela ne satisfait point sa haine. Il voudrait leur mort ; car cette race ne se tourmente guère d'être battue ; c'est son métier, c'est son gagne-pain.

Quelques coups de bâton, et je suis à mon aise,

dit l'*Intimé*, qui est bien de la famille.

Leur patrie est l'Ile de Procuration (1), pays tout chaffouré

(1) Il y avait deux sortes de procureurs : les procureurs du Roi ou procureurs *ad lites* et les procureurs des parties ou *mandatorii*, procureurs *ad negotia*.

« La différence qui est entre les procureurs et avocats généraux du Roi et entre les procureurs et avocats des parties, est en ce que les derniers secondent aucunement les affections ou passions de leurs parties, bien que ne le dussent faire, et au contraire les gens du Roi doivent être neutres et comme tiercelet des juges, exempts de faveur ou haine. »

Bernard de la Roche-Flavin, *Treize livres des Parlements de France*, Livre II. Chapitre VII.

« Au Rapport d'Etienne Pasquier et Guillaume Terrien, entre plusieurs honorables coutumes, nos anciens Français en eurent une louable : Car,

et barbouillé. » — « Je n'y cocgneus rien, dit Alcofribas.

désirant couper broche à tous procès, et néanmoins connaissant que permettre qu'en Cour de Parlement il y eût certains hommes qui n'eussent autre vacation qu'à procurer les affaires d'un étranger, ce serait, au lieu d'anéantir les procès, les immortaliser à jamais, d'autant qu'il est bien malaisé qu'un homme aime la fin d'une chose dont dépend le gain de sa vie : pour cette cause était un chacun forcé de venir aux assignations en personne. Et néanmoins, là où il n'eût en si prompte expédition et dépêche, que les affaires de sa maison désiraient, lui était permis, créer un procureur en sa cause, non pas avec tel abandon qu'à présent, ains par bénéfice du prince ; et encore sous telle condition. que le parlement expiré, s'expirait aussi chaque procuration... » Mais ces commencements modestes n'empêchèrent pas les procurations, d'abord d'être annuellement continuées par l'autorité de la Cour, puis, sous François Ier, de se continuer d'elles-mêmes jusqu'à ce qu'elles fussent expressément révoqués par les mandants.

« Ainsi en peu de temps crûrent en grand nombre les Procureurs, » mais ils ne crûrent pas en moralité ni en dignité.

« Par arrêt du 18 décembre 1537, de Paris, sur le règlement des avocats et Procureurs..... est inhibé à tous clercs et solliciteurs de s'ingérer à faire la charge de Procureur, sans y être reçus et admis par la Cour... inhibé d'aller au-devant les messagers ordinaires, prendre et crocheter les paquets qui s'adressent aux autres Procureurs.

« ... Et pareilles inhibitions aux dits messagers de bailler les dits paquets à autres qu'aux procureurs auxquels ils s'adresseut... Inhibé d'avoir intelligence ou communication de profit avec les Procureurs des bailliages et sénéchaussées... Enjoint qu'en lisant les actes, exploits, et autres pièces servant à la décision de la cause, ils les lisent véritablement et entièrement, sans omission, interruption ou déguisement ès points et endroits servant à la cause, tant pour l'une partie que pour l'autre...

« Une veuve, de laquelle Janin, procureur en la Cour était procureur, ayant été condamnée à consigner la somme de 1500 livres devers le greffe, est persuadée par Janin, son procureur, de la déposer entre ses mains. A faute de la légitime consignation d'icelle au greffe, arrêt s'ensuivit contre la veuve ; laquelle actionne son procureur qui s'absente. Contre lequel prise de corps est ordonnée, le procès instruit par défaut. » (Il fut déclaré contumace ; mais la Cour ne ne se montrait pas toujours aussi sévère. L'auteur l'avoue trois lignes plus loin.) » *Idem*. Livre II. Chapitre XV.

Le caractère des procureurs s'était avili au point de soulever une réprobation universelle. Dans l'espoir de le relever un peu, L'Hôpital réunit,

Là vismes des Procultous et Chiquanous, gens à tout le poil. Ils ne nous inviterent à boire ne à manger. Seulement, en longue multiplication de doctes reverences, nous dirent qu'ils estoient tout à nostre commandement, en payant. » Leur façon de vivre est telle : « Quand un moine, prestre, usurier ou advocat veut mal à quelque gentilhomme de son pays, il envoye vers luy un de ces chiquanous. Chiquanous le citera, l'adjournera, l'oultragera, l'injuriera impudentement, suivant son record et instruction, tant que le gentilhomme, s'il n'est paralytique de sens et plus stupide qu'une rane gyrine, sera contrainct luy donner bastonnade et coups d'espée sur la teste, ou la belle jarretade, ou mieux le jeter par les creneaux et fenestres de son chasteau. Cela fait, voilà chiquanous riche pour quatre mois. Comme si coups de bastons fussent ses naïfves moissons. Car il aura du moine, de l'usurier ou advocat, salaire bien bon, et reparation du gentilhomme aucunes fois si grande et excessive, que le gentilhomme y perdra tout son avoir, avec dangér de miserablement pourrir en prison, comme s'il eust frappé le Roy » (1).

Rabelais, en dénonçant ces mœurs étranges, tâche d'inté-

en 1551, la postulation et la plaidoirie des procès, c'est-à-dire les fonctions des procureurs et celles des avocats. Mais le remède fut inefficace ; l'esprit de chicane était trop invétéré. (V. Henri Martin. Tome IX. Livre LIII.)

Ajoutons que les avocats eux-mêmes ne jouissaient pas d'une réputation de beaucoup supérieure à celle des procureurs et des huissiers. Ce proverbe latin en témoigne :

Advocatus, sed non latro,
Res miranda populo.

(1) Livre IV. Chapitre XII.

resser à sa cause les gentilhommes, naturellement ennemis des huissiers et des procureurs. Il se met sous leur protection, il recourt à eux pour porter le premier coup à l'ennemi commun. En effet, ce n'est qu'aux gentilhommes que convenait le moyen suivant de se délivrer de leurs poursuites et de les dégoûter du métier. C'est plus ingénieux que de parer leurs assauts en tierce et en quarte, comme disait Le Pogge, mais ce n'est guère moins hasardeux.

Le Seigneur de Basché « homme courageux, vertueux, magnanime, chevalereux..., par chascun jour estoit adjourné, cité, chiquané, à l'appetit et passe-temps du gras prieur de Saint Louant. » A bout de patience il résout de tuer les huissiers, mais sans qu'ils aient le droit de se plaindre. Pour cela il ordonne à tous ses serviteurs, dès qu'ils en verront paraître un, de se réunir dans la grande salle, parés de leurs plus beaux vêtements, comme pour célébrer des fiançailles. Le boulanger et sa femme seront revêtus d'habits nuptiaux ; le curé Oudart « comparoistra en son plus beau suppelis et estolle, avec l'eau beniste. » Flûtes et tambours ne manqueront point. « Les paroles dites et la mariée baisée, vous tous baillerez l'un à l'autre du souvenir des nopces, ce sont petits coups de poing. Ce faisans, n'en souperez que mieulx. Mais quand ce viendra au chiquanous, frappez dessus comme sus seigle verde, ne l'épargnez. Tappez, daubez, frappez, je vous en prie. Tenez, presentement je vous donne ces jeunes gantelets de joutte, couvers de chevrotin... N'ayez peur d'estre repris en justice, je seray guarant pour tous. Tels coups seront donnés en riant, selon la coustume observée en toutes fiançailles. » Il faut que les chicanous en meurent et disparaissent, sans quoi le seigneur est décidé à « abandonner le pays et prendre le party du Soudan à tous les diables. » Qui fut dit, fut fait, et après quelques noces, le château de Basché, délivré à toujours des tristes ambassadeurs du gras prieur de Saint Louant, retrouvait son ancienne paix, tandis que le bon seigneur, bien vengé et sans remords, retournait en souriant à ses joyeusetés habituelles (1). Et depuis les « noces de Basché » furent « en proverbe commun. »

Il ne faudrait pourtant pas croire que Rabelais approuve sans réserve cette façon de « dauber chiquanous » et qu'il ne voit pas ce qu'il y a d'injuste, quand ces pauvres diables ne sont que les instruments de coupables plus haut placés, à leur faire porter toute la peine. « Ceste narration, dist Pantagruel, semblerait joyeuse, ne fust que devant nos œils fault la crainte de Dieu continuellement avoir. — Meilleure, dist Epistemon, serait, si la pluie de ces jeunes gantelets fust sus le gras prieur tombée. Il dépendait pour son passe-temps argent, part à fascher Basché, part à voir ses chiquanous daubés. Coups de poings eussent aptement atouré sa teste rase : attendu l'énorme concussion que voyons hui entre ces juges pédanées sous l'orme » (2).

(1) L'exemple de cet honnête seigneur fut très-suivi par la noblesse. En 1573, Charles IX, « voulant faire office d'un bon prince et scavoir l'état et gouvernement de ses sujets, » demanda à tous les gouverneurs et lieutenants-généraux du royaume de faire rédiger, dans leurs provinces, les cahiers de *remontrance*.

Les *remontrances* de la Ville et du Bailliage de Blois demandent, entre autres choses : *que les huissiers, pour n'être plus exposés à être roués de coups en allant porter leurs exploits à des seigneurs de campagne, puissent les déposer en ville, dans un lieu désigné par le juge royal* ; etc. (Voir Revue des Sociétés savantes, 1870, Tome 2. Pages 355-356).

(2) Livre IV. Chapitre XII, XIII, XIV, XV, XVI.

VI

Le Parlement

Les chicanous sont détestables, dangereux, importuns surtout; mais, en somme, c'est chétive espèce. Pour rencontrer le haut gibier, digne d'être chassé à outrance par les plus courageux, mais de taille et de force à les dévorer, il faut s'aventurer au fond de ces forêts effrayantes, repaires des *Chats-Fourrés*. C'est là que s'accomplissent, dans l'ombre, d'odieux mystères d'iniquité; c'est là « qu'on mange les petits enfans et qu'on paist sus des pierres de marbre » (1).

Les *pierres de marbre* du Palais-de-Justice — ou de la

(1) Il y avait, dans la grande salle du Palais de Justice, une très-grande *table de marbre*, qui tenait toute la largeur de la salle. Elle servait aux festins solennels. Le soir de son entrée à Paris, le 16 juin 1549, c'est sur cette table de marbre qu'Henri II donna son souper royal.

Il y avait encore une table de marbre dans la cour, près du grand-Escalier du Palais de Justice: celle-ci était le plus souvent désignée ainsi: *la pierre de marbre*.

Ces deux tables servaient pour des proclamations publiques et pour la citation des parties. Dans les registres du Parlement se trouve un acte où il est dit que le roi avait tenu, le dernier jour de juin 1525, un lit de justice, pour prononcer l'arrêt par coutumace du comte de Flandre, Charles V, Empereur, et que le premier huissier l'avait cité à la fenêtre, près la porte de la barre du Parlement et, après cela, sur *la table de marbre* de la grande salle et sur la *pierre de marbre* qui était dans la cour du Palais.

La grande *table de marbre* fut détruite lors de l'incendie qui éclata en 1618 dans le Palais de Justice.

Caverne des Chats-Fourrés, — étaient bien connues de tout le monde. Il y en avait une, la plus grande, sur laquelle effectivement on *paissait* quelquefois ; elle servait aux repas officiels ; mais l'histoire ne dit pas, il faut le reconnaître, qu'on y mangeât de petits enfants. Les abus du Parlement ne furent jamais à ce point.

Il ne peut s'agir de refaire ici l'histoire de cette grande Compagnie ni d'entrer dans les détails de son organisation. Je voudrais seulement expliquer comment, tout en rendant d'ailleurs d'éminents services à l'Etat, elle prêtait le flanc aux critiques virulentes que Rabelais ne lui a point épargnées.

Le Parlement, avec sa Grand'Chambre, ses Chambres d'enquêtes, sa Chambre des requêtes, sa Chambre criminelle, sa Chambre des vacations, et ses Commissions ou Grands-Jours, était avant tout une cour de justice souveraine, devant laquelle on en appelait de tous les tribunaux du royaume. Mais ses attributions s'étendaient bien au-delà de l'ordre judiciaire. Il pénétrait dans le domaine législatif par ses *arrêts de règlement ;* dans le domaine politique par son *droit d'enregistrement* ; dans le domaine religieux par la charge qui lui incombait de défendre contre le clergé les intérêts de l'Etat, et de poursuivre le blasphème, la sorcellerie, l'hérésie ; il exerçait enfin une puissance administrative mal définie, mais très-large et très-variée, et il surveillait la presse, condamnait les livres dangereux, en punissait les auteurs ; il délivrait des brevets de librairie et des permis d'imprimer, ce qui constituait à son profit une censure préventive.

Dans une sphère d'action si vaste, il était inévitable qu'il se commît bien des fautes et que bien des colères fussent soulevées.

D'ailleurs, ennemi des choses nouvelles, des idées de réforme, des audaces de la pensée, le Parlement en réprimait la manifestation avec une énergie cruelle, qui devait forcément, et justement, le rendre odieux aux esprits libres comme Rabelais, pour lesquels il était une menace constante.

L'auteur du *Pantagruel* l'approuvait sans doute quand il le voyait faire preuve de zèle gallican, protéger l'épargne française contre l'avidité romaine, repousser le Concordat et défendre la Pragmatique. Mais que pouvait-il éprouver, sinon l'horreur, la terreur et l'indignation, en présence du supplice infligé à des savants, à des poètes, à des imprimeurs, à tous les malheureux qui avaient commis ce crime, de penser autrement que leurs juges ?

Le Parlement, a-t-on dit, nous a sauvés de l'Inquisition. Cela est vrai ; mais comment ? En faisant ce qu'elle eût fait. Sa mission était de protéger les sujets du roi et il se créa leur bourreau. Lorsque Louise de Savoie, dans l'espoir de hâter la délivrance de son fils, essaya de séduire le Saint-Siége en persécutant la Réforme (1), le Parlement, au lieu de protester, demanda seulement à diriger la persécution

(1) Les premières poursuites contre les luthériens datent de 1520 et furent ordonnées par François Ier ; mais elles n'entraînèrent pas d'exécutions capitales. C'est en 1525 seulement, après les lettres patentes de Louise de Savoie, régente, prescrivant l'exécution de la Bulle du Pape contre les luthériens (10 juin), qu'on commença à les brûler.

qui naissait, et la dirigea cruellement; il alimenta les bûchers.

Rabelais, accusé non-seulement d'hétérodoxie, mais d'épicuréisme, de matérialisme, d'athéisme, fut plus d'une fois en péril. Le *Pantagruel* encourut dès son apparition les censures de la Sorbonne (1), et alors les censures de la Sorbonne trouvaient leur sanction dans les arrêts du Parlement. La publication du IIIe et celle du IVe livre furent entravées, malgré les priviléges royaux que l'auteur avait su obtenir (2).

(1) « Cela résulte d'une lettre latine de Calvin, d'octobre 1533, dans laquelle il raconte que la Faculté, cherchant à s'excuser d'avoir fait saisir *le Miroir de l'Ame pécheresse*, de Marguerite de Vallois, avait déclaré par la bouche de son suppôt, Leclerc, curé de St-André-des-Arts, que ce livre avait simplement été mis à part pour être examiné et qu'on n'avait tenu pour décidément condamnables que la *Forêt d'Amour, Pantagruel* et d'autres romans obscènes : *Se pro damnatis habuisse obscenos illos Pantagruelem. Silvam Amorum et ejus monetæ.* » RATHERY. *Notice Biographique.*

(2) Pour le IIIe livre, on sait que l'opposition de la Sorbonne donna à François Ier l'idée de se faire lire l'ouvrage ; il n'y vit rien de répréhensible, et il maintint son privilége. Rabelais s'en vante dans le prologue du IVe livre, lequel n'en fut pas moins condamné à son tour, comme le prouve *l'extrait des Registres du Parlement, du Mardi 1er Mars 1551,* cité par M. Rathery : « Sur la remontrance et requête faite cejourd'hui à la cour par le procureur du Roi, à ce que, pour le bien de la foi et religion, et attendu la censure faite par la Faculté de théologie contre certain livre naguère exposé en vente sous le titre de *Quatrième livre de Pantagruel, avec privilége* du Roi ; la matière mise en délibération, et après avoir vu la dite censure, ladite cour a ordonné que le libraire, ayant mis en impression ledit livre, sera promptement mandé en icelle, et lui seront faites défenses de vendre et exposer ledit livre dedans quinzaine, pendant lequel temps ordonne la Cour audit procureur général du Roi, d'avertir ledit Seigneur Roi de la censure faite sur ledit livre par ladite Faculté de théologie et lui en envoyer un double, pour suivre son bon plaisir : entendu être ordonné que de raison. Et ledit libraire mandé, lui ont été faites les dites défenses, sous la peine de punition corporelle. »

En 1547, la maladie et la mort de François Ier diminuèrent le crédit des protecteurs de Rabelais, et il dut quitter la France. Il chercha un refuge à Metz, ville Impériale. «*Tempora etiam Rabelesum ejecerunt è Galliâ* φευ των χρονων, » écrivait Jean Sturm, recteur du Gymnase de Strasbourg. A force de prudence, à force d'adresse, il sauva sa vie et sa liberté. Mais si le Parlement ne put l'atteindre dans sa personne, il le frappa dans ses amis.

Pour échapper au feu, Clément Marot était réduit à finir ses jours dans l'exil, et Bonaventure Despériers, à se percer de son épée. Etienne Dolet, sur trois mots, et sur trois mots d'une traduction (1), était torturé, étranglé, brûlé.

Nécessairement, la trace des impressions violentes que de semblables exemples firent éprouver à Rabelais devait se retrouver dans son œuvre. Elle s'y découvre en effet, et non seulement dans la véhémence des attaques contre le Parlement, mais encore dans leur gradation. Il y a une si grande différence de ton entre le langage du IIIe et celui du Ve livre, qu'on est d'abord tenté de ne pas les rapporter au même auteur. Mais si l'on réfléchit que le IIIe livre était achevé en 1545 et que l'horrible condamnation de Dolet fut prononcée en 1546, cette différence de ton s'explique, et l'on peut bien continuer de croire que le Ve livre est de Rabelais. C'est le ressentiment de l'amitié violemment brisée qui

(1) Dans *l'Axiochus*, dialogue de Platon, Socrate, parlant de ce qui arrive après la mort, dit à son interlocuteur : *Tu ne seras plus*. Dolet mit : *Tu ne seras plus rien du tout*. Ces trois mots : *rien du tout* furent considérés comme l'expression de la pensée personnelle de Dolet, comme la négation de toute croyance spiritualiste et religieuse, et le firent condamner comme athée relaps.

ajoute aux revendications de l'humanité et de la justice cet accent nouveau, personnel et âpre, cette moquerie froide, haineuse, impitoyable, cet air de représailles et de vengeance.

Au reste, le Parlement ne méritait que trop la satire. A l'intolérance, à la cruauté, il joignait bien d'autres vices. En 1546, Marino Cavalli disait : « Le Parlement et la Chambre des Comptes contribuent à la grandeur de Paris ; présidents, conseillers, avocats, notaires, procureurs et plaideurs, tout compté, cela fait une ville de 40,000 hommes. La procédure ne finit jamais, en sorte qu'il n'y a que les riches qui puissent plaider, et ceux-là même s'en tirent fort mal. Une cause de mille écus en exige deux mille de frais ; elle dure dix ans. Cette oppression, qui partout ailleurs paraîtrait intolérable, a fait naître une assez bonne institution ; c'est que, le gouvernement payant les juges pour un nombre fixe d'heures d'audience par jour, si chaque partie leur donne un écu en sus, ils restent une heure de plus à entendre les débats ; de la sorte ils vident beaucoup d'affaires au grand contentement des parties..... Le roi donnait autrefois les charges de judicature ; maintenant on les vend à vie au prix de 3,000 à 30,000 francs chacune. Puisque le marché est ouvert, il n'y a rien de honteux à les vendre aussi cher que possible. Il y en a qui poussent si loin l'envie d'exploiter leur position, qu'ils se font pendre tout bonnement à Montfaucon ; ce qui arrive lorsqu'ils ne savent pas se conduire avec un peu de prudence ; car, jusqu'à un certain point, tout est toléré, *principalement* si les parties ne s'en plaignent pas. »

En 1566, à Moulins, en présentant ses lois à l'Assemblée des

Notables, L'Hôpital commençait sa harangue par proclamer « que tous les maux de l'Etat avaient leur origine dans la mauvaise administration de la justice ; qu'on avait trop souffert que des juges résignassent leurs offices à des hommes incapables ; qu'il fallait diminuer le nombre inutile des conseillers, supprimer les épices et soumettre les juges à la censure (1). »

Rabelais, dans le IIIe livre, s'exprime ainsi : « Je ne voudrois penser ne dire, aussi certes ne croy-je, tant anormale estre l'iniquité et corruptèle tant evidente de ceux qui de droit respondent en iceluy Parlement Myrelinguois en Myrelingues, que pirement ne seroit un procès decidé par ject des dez (advint ce que pourroit) qu'il est passant par leurs mains pleines de sang et de perverse affection... Pourtant seroit ce souvent meilleur, c'est à dire moins de mal en adviendroit ès parties controverses, marcher sur chausses trappes, que de son droit soy déporter en leurs responses et jugemens (2). »

L'assaut est déjà rude sans doute ; mais il n'est point comparable à celui du Ve livre. C'est une escarmouche de tirailleurs précédant une bataille rangée, une grande bataille, décisive et sans merci.

Voici d'abord le signalement de l'ennemi, le portrait des « monstres », des Chats-Fourrés : » « Ils ont le poil de la peau non hors sortant, mais au-dedans caché et portent pour leur

(1) Voir Voltaire, *Histoire du Parlement de Paris*, chapitre XXVII.

(2) Livre III. Chapitre XLIV.

symbole, tous et chascun d'eux, une gibbeciere ouverte..... Ont aussi les gryphes tant fortes, longues et acerées, que rien ne leur eschappe, depuis qu'une fois l'ont mis entre leurs serres. Et se couvrent les testes, aucuns de bonnets à quatre gouttieres, autres de bonnets à revers, autres de mortiers, autres de caparassons mortifiés (1). »

« Un « noble gueux » qui se tient à la porte de la caverne, près du *Guichet*, donne un aperçu de leurs mœurs aux imprudents qui le franchissent.

« Parmy eux regne la sexte essence, moyennant laquelle ils grippent tout, devorent tout et *souillent* tout. Ils pen-

(1) Voici quelques détails sur les costumes dont Rabelais se moque dans ce passage.

Le mortier était une sorte de toque ronde portée par le chancelier, le premier président et les grands présidents du Parlement,

« L'habillement de cérémonie du chancelier consistait en une *épitoge* « de taffetas rouge, doublée de satin, et en un mortier cerclé d'or et « brodé de perles. » DESMAZE, *Le Parlement de Paris*, chap. XVIII.

« Le costume officiel du premier président était celui des anciens barons et chevaliers. Il portait une robe écarlate doublée d'hermine, et un bonnet à mortier de taffetas noir, orné de deux galons d'or. En hiver, il avait par-dessus sa robe un manteau d'écarlate doublé d'hermine où ses armes étaient appliquées. Elles étaient posées au côté gauche et fixées à l'épaule avec trois *létices d'or*, afin de tenir libre le côté de l'épée, attendu que les anciens chevaliers et barons siégeaient toujours comme juges avec l'épée au côté. » *Idem* XXI.

« Outre le premier Président, le Parlement de Paris avait neuf présidents. Sous ce titre président à mortier on les distinguait des présidents de la première ou de la seconde des enquêtes, qui s'appelaient présidents de la chambre des enquêtes, mais n'étaient point présidents du Parlement. Ils étaient comme personnifiés avec le premier président, et le remplaçait quand besoin était. Leur costume de cérémonie ne différait du sien qu'en ce que leur manteau n'était pas attaché sur l'épaule par trois létices d'or et que leur toque à mortier n'était entourée que d'un seul galon d'or.

Leur vêtement de moindre apparat consistait en une robe noire et un bonnet carré. » *Idem* XXII.

dent, bruslent, escartelent, decapitent, meurtrissent, emprissonnent, ruinent et minent tout, sans discretion de bien et de mal. Car, parmy eux, vice et vertu appelé, Meschanceté est Bonté surnommée, Trahison a nom de Féaulté, Larrecin est dit Libéralité. Pillerie est leur devise, et par eux faite, est trouvée bonne de tous humains, *exceptez-moi les hérétiques ;* (1) et le tout font avec souveraine et irrefragable authorité. » Tous les maux qui désolent le monde, attribuez-les « à l'énorme, indicible, incroyable et inestimable meschanceté, laquelle est continuellement forgée et exercée en l'officine de ces Chats-Fourrés ; et n'est au monde cogneue, non plus que la cabale des Juifs ; pourtant n'est-elle detestée, corrigée et punie comme seroit de raison. Mais si elle est quelque jour mise en évidence et manifestée au peuple, il n'est et ne fut orateur tant éloquent, qui par son art le retînt, ne loy tant rigoureuse et tant draconique, qui par crainte de peine le gardast, ne magistrat tant puissant, qui par force empeschast, de les faire tout vifs, là dedans leur raboulicre, felonnement brusler. »

Si ce jour de revanche n'arrive pas, si les hommes « tant et tant sont ès-cœurs endurcis, que le mal parmy eux advenu, advenant et à venir, ne recordent, ne sentent, ne prevoient de longue main, ou le sentans, n'osent et ne veulent, ou ne peuvent les exterminer, » Dieu, « le juste Juge, » les jugera, mettra un terme à leurs excès.

(1) Voilà un de ces traits qui n'appartiennent pas à Rabelais et qui ont fait douter de l'authenticité du Ve livre. Tout le discours du gueux, quoique très-remarquable, est d'ailleurs dans un mode assez peu Rabelaisien. On a cru y reconnaître la main de Henri Etienne, et je ne serais pas étonné, en effet, qu'il eut terminé ici une ébauche du maître, en lui imprimant cette virudence qui caractérisait son propre talent.

Ce « gueux de bien » compte sur cette vengeance d'en haut ; il veille à leur porte, « attendant que là-dedans tombe la foudre du ciel et en cendres les reduise comme autres titanes, prophanes et theomaches. »

Epouvanté de cette harangue, le pauvre Panurge veut fuir. « Ah ! non, non, je n'y vais pas, par Dieu ; retournons, retournons, dis-je, de par Dieu. » Mais, il trouve la porte fermée ; il est prisonnier avec ses amis, selon le bon plaisir de « messieurs. » Les arrestations arbitraires sont les moindres de leurs privilèges. — « Nous fut dit que là facilement on y entroit, comme en Averne ; à en issir estoit la difficulté, et que ne sortirions en maniere que ce fust, sans bulletin et décharge de l'assistance, par cette seule raison qu'on ne s'en va pas des foires comme du marché, et qu'avions les pieds poudreux. »

On les conduit dans la grand'salle, où est le portrait de Justice grippeminaudière. C'est l'image d'une vieille femme, tenant en main droite un fer de faucille, en main gauche une balance, et portant besicles au nez. « Les coupes de la balance étaient de deux gibecières veloutées, l'une pleine de billon et pendante, l'autre vide et elevée au dessus du trébuchet. » Image bien contraire à l'idée des anciens Thébains qui, après la mort de leurs juges, leur élevaient des statues sans mains.

Nos pauvres gens comparaissent devant Grippeminaud, « le monstre le plus hideux que jamais fust descrit. » Il ressemble à Cerbère, ou encore à Osiris, à qui les Egiptiens attribuaient trois têtes, « savoir est d'un lion rugissant, d'un chien flattant, et d'un loup baillant, entortillés d'un dragon soy mordant la queue, et de rayons scintillants à l'entour. Les mains avaient pleines de sang; les gryphes comme de harpie; le museau, à bec de corbin; les dents d'un sanglier quadrannier; les yeux flamboyans comme une gueule d'enfer; tout couvert de mortiers entrelacés de pilons; seulement apparaissoient les gryphes. » On fait asseoir de force les prévenus devant le monstre et on leur octroie cet avertissement bénin : « La terre presentement s'ouvrira pour tout vifs vous engloutir si faillez à bien respondre. » Ce qui, en langue grippeminaudière, signifie : « Mes bons amis, vous recevrez la question et vous avouerez le crime que vous n'avez pas commis, si vous ne vous séparez à propos de votre argent. Nos gibbecières sont grandes ouvertes : voyez ce que vous préférez »

En effet, Grippeminaud propose à ses victimes une énigme à deviner. C'est ce qui arrivait chaque fois qu'un malheureux, arrêté sans motif plausible, était interrogé sur des faits hors de sa connaissance. Il arguait de son ignorance : on l'envoyait aux tortionnaires, qui lui faisaient dire tout ce qu'on voulait.

« Si j'avois Sphynx en ma maison, comme avoit Verrès, un de vos precurseurs, répond Alcofribas, je pourrois resoudre l'enigme. Mais je n'y estois point et suis innocent du fait. »

Sur quoi Grippeminaud se fâche : « Or çà, par Styx, puisqu'autre chose ne veux dire, or çà, je te monstrerai, or çà, que meilleur te seroit estre tombé entre les pattes de Lucifer, or çà, et de tous les diables, or ça, qu'entre nos gryphes, or çà ; les vois tu bien ? Or çà, malautru, nous allegues-tu innocence, or çà, comme chose digne d'eschapper nos tortures. »

Et il expose comment leurs lois sont semblables aux toiles d'araignées ; les petits moucherons inoffensifs s'y prennent, les gros taons malfaisants les rompent. Ils ne recherchent point les larrons de haute volée, qui seraient de digestion trop difficile. « Mais vous autres gentils innocents, y serez bien innocentés. » C'est déjà comme chez Lafontaine : on n'approfondit pas les péchés des « puissances, » et c'est la faiblesse qu'on accable.

Frère Jean se hasarde à remarquer qu'on ne peut répondre de ce qu'on ignore, qu'il ne faut demander que la vérité. Grippeminaud le tance vertement, et pour avoir ouvert la bouche avant que d'être interrogé, et surtout pour avoir émis une opinion aussi étrange. « Penses-tu estre, lui dit-il, en la forest d'académie, avec les ocieux veneurs et inquisiteurs de verité. Or ça, nous avons icy bien autre chose à faire, or ça. Icy on respond, je dis, or çà, or ça, categoriquement, de ce que l'on ignore. Or çà, on confesse avoir fait, or çà, ce qu'on ne fit oncques. Or çà, or çà, on proteste savoir ce que jamais on n'apprit. »

Panurge suppliant qu'on les laisse aller. « Aller ! dit Grippeminaud, encore n'advint depuis trois cents ans, or çà, or çà, que personne échappast de ceans sans y laisser du poil, or çà, ou de la peau pour le plus souvent, or çà, (ces mots étaient vrais, malheureusement, à la lettre). Car quoy ? or çà, ce serait à dire que par-devant nous ici serais injustement convenu, or çà, et de par nous injustement traicté, or çà. » Les Chats Fourrés entendent être infaillibles et, pour ne pas cesser de l'être, ils sont obligés d'ajouter à des arrestations sans cause des condamnations sans motif.

Quand c'est un axiôme de justice, que le juge doit toujours présumer l'innocence des prévenus et les traiter en conséquence, leur habitude est de regarder tout *accusé* comme un *coupable*, et tout acquittement comme un échec pour eux-mêmes. C'était là nos mœurs judiciaires, et la torture en est la preuve. Dans la crainte de laisser peut être un seul criminel impuni, on ne se faisait aucun scrupule de perdre vingt innocents. (1)

Panurge, menacé de la question, se tire d'affaire par l'unique moyen efficace. Il s'efforce de donner une explication de l'énigme, c'est-à-dire, il fait des aveux, n'importe lesquels, mais il en fait ; puis, ayant observé qu'à tout bout de phrase Gripminaud ouvrait sa gibecière de velours et disait : or çà, or çà, or çà, s'avise qu'il pourrait échapper en leur jetant or là, or là ; car gibecière de velours n'est pas faite pour recevoir menue monnaie. Il lance au milieu du parquet une grosse bourse de cuir, pleine d'écus au soleil. « Au son de la bourse commencèrent tous les Chats Fourrés jouer des gryphes comme si fussent violons démanchés. Et tous s'escrièrent à haute voix disans : Ce sont les espices ;

(1) Presque toute l'Europe était dans ces principes. L'Angleterre faisait exception. Elle avait déjà le Jury, et en 1551, Daniel Barbaro écrivait : « Cette manière de rendre la justice en matière criminelle parait loyale et pleine de garanties pour les Anglais, car ils soutiennent que la torture est une mauvaise chose, comme étant toute de violence et de contrainte et faisant avouer souvent au supplicié non-seulement ce qu'il n'a point commis, mais même ce qu'il n'a point songé à commettre... Les Anglais, en effet, sont de cet avis, qu'il est plus juste de libérer un malfaiteur que de condamner un innocent. »

le procès fut bien bon, bien friand et bien espicé. Ilz sont gens de bien. — C'est Midas, c'est or dit Panurge, je dis escus au soleil. — La Cour, dist Grippeminaud, l'entend; or bien, or bien, or bien. Allez, enfants, or bien, et passez outre, or bien. »

Mais ce n'est pas encore tout. On reconduit gracieusement les voyageurs jusques au port et là, on les informe « qu'ils n'aient à chemin prendre sans premier avoir fait présents seigneuriaux, tant à la dame Grippeminaude qu'à toutes les Chattes Fourrées; » autrement, ordre de les ramener au *Guichet*. C'est un avant-goût des mémoires de Beaumarchais.

On n'ouvre qu'à prix d'or les griffes des Chats Fourrés. — Tous ceux qui redoutent d'être mis en pièces par eux, ou qui ont à obtenir quelque sentence injuste, à perdre quelque homme d'honneur, les accablent de présents. Il ne vivent d'autre chose. « Frère Jean apperceut soixante et huit galeres et fregates arrivantes au port. » Toutes étaient chargées de levreaux, chapons, palombes, cochons, chevreaux, vanneaux, poules, canards, etc. Il y avait aussi du velours, du satin et du damas. — Pour qui ces richesses? dit Frère Jean. — Pour Grippeminaud, Chats Fourrés et Chattes Fourrées « Comment, demande-t-il encore, appelez-vous ces drogues-là? — Corruption, disent les voyagiers. — Ils doncques, dist Frère Jean, de corruption vivent. » — Et c'était trop vrai.

Dès 1483, Charles VIII, dans son *Ordonnance sur le fait de justice*, rendue en juillet, était obligé de prendre contre la vénalité des juges une série de précautions qui témoignent assez de l'étendue du mal. (1)

(1) Les procès seront distribués par les présidents. Ils ne seront pas

Elles furent d'ailleurs impuissantes, car nous voyons que L'Hôpital, en 1561, dans son *Ordonnance* d'Orléans, dut encore interdire aux Juges de recevoir des présents, des pensions ou des bénéfices de leurs justiciables. Mais sa réforme, si nécessaire, qui touchait à tant de points essentiels pour toute la France, vint se briser contre la résistance obstinée du Parlement, dont elle menaçait les abus. Ceux-ci ne disparurent en effet qu'avec le Parlement lui-même.

Frère Jean, l'homme d'action et d'audace, aurait voulu, deux cents ans avant la Révolution, délivrer le monde de cette félonne engeance. Il excite ses compagnons à détruire les Chats-Fourrés, qu'il compare aux monstres défaits par Hercule. « Nous les deferions peut-estre, dit Alcofribas, comme Hercule; mais il nous default le commandement d'Eurysthée. » (1) Sages paroles après tant de violence. C'est demander un changement légal, repousser le coup de main, l'émeute.

La Constituante fut l'Eurysthée réclamé par Alcofribas. Elle supprima les Parlements et avec eux tout le système

confiés à ceux des conseillers qui auront pourchassé et prié pour les avoir, ni à aucun des conseillers qui seraient suspects et ayant regard à pays dont sont les procès.

Les conseillers ne doivent prendre ni directement ni indirectement aucune chose des parties.

Les parties qui feront des dons aux conseillers seront punies grièvement.

Les Avocats, procureurs et solliciteurs des parties jurent de ne rien bailler aux commissaires.

Les conseillers allant en commission ne prendront aucun don corrompable des parties, ne se feront défrayer de leur dépense, et ne prendront pour un même voyage et un même temps qu'un salaire. »

(1) Livre V. Chapitres XI, XII, XIII, XIV, XV.

de l'ancienne législation, « les antinomies des lois, des édits, des coutumes et ordonnances », l'usage barbare de la torture, les procédures interminables; elle réduisit les « paperasseries », elle licencia en grande partie les « Procultous et Chicanous », et ramena le reste à son devoir. La simplicité, l'unité, la grande lumière; le respect du droit, l'humanité, la promptitude; tous ces éléments que Rabelais rêvait d'introduire dans nos lois et qui n'y étaient guère représentés, de son temps, que par leurs contraires, la Constituante les réunit et en fit, pour toujours, le fond de nos institutions et de nos codes.

CHAPITRE VII

DE L'ÉDUCATION.

I.

Relation entre la pédagogie de Rabelais et sa politique.

De toutes les parties sérieuses de Rabelais, son plan d'éducation est celle qui a le plus attiré l'attention, qui a été le plus aisément comprise, le plus admirée et le mieux mise en lumière. Après les commentaires de Ginguené, de François Guizot, de St-Marc Girardin, de Sainte-Beuve, de M. Albert Réville, du docteur Arnstœdt, de Michelet et de M. Fleury, lequel a résumé et apprécié très-sainement les jugements de ses prédécesseurs, il est fort difficile, et je ne me le dissimule pas, de dire sur ce point quelque chose de nouveau. Je ne puis pourtant le passer sous silence ; l'économie générale de cette étude m'impose d'une façon absolue l'obligation de le traiter à mon tour.

Mais je me placerai à un point de vue spécial, d'où les choses pourront, je l'espère, revêtir certains aspects inattendus, qui aideront à me faire pardonner ce retour sur une question en apparence épuisée. Le point de vue spécial, c'est celui du rapport étroit et indispensable de l'*Institution de Gargantua par Ponocrate* avec les idées politiques qui se dégagent de l'œuvre, étudiée dans son ensemble. Si ce rapport n'était pas saisi, le sens réel et la véritable portée de la plupart de ces conceptions risqueraient fort de nous échapper également. En effet, elles supposent une semblable *Institution* ; avec elle seulement elles sont logiques et pratiques ; sans elle, ce sont plutôt les souhaits d'un rêveur que les conclusions d'un savant et d'un philosophe.

Rabelais pense, comme Platon, que l'homme ne fait point mal pour mal faire, qu'il ne pèche que par ignorance (1). Chacun désire son propre bien, s'efforce de le réaliser. Mais peu d'hommes savent où ce bien réside, par quels moyens ils peuvent l'atteindre. Souvent ils s'engagent dans des routes qui les éloignent du but qu'ils cherchent. Mais alors même qu'ils y tournent le dos, c'est là pourtant qu'ils pensent aller, c'est là ce qu'ils veulent, ce qu'ils ne peuvent

(1) « Vous autres de l'autre monde, dites qu'ignorance est cause de tous maux et dites vray. » L. V. ch. VII.

pas ne pas vouloir. Instruisez-les, montrez-leur avec évidence qu'ils sont égarés, qu'ils se perdent, et pas un ne persistera. Tous marcheront avec enthousiasme dans la bonne voie, dès qu'ils la connaîtront. Les luttes qu'engendre un égoïsme étroit cesseront d'elles-mêmes à l'instant où les esprits se seront élevés à comprendre leur stérilité, leur misère, et quelle grandeur féconde, quelle inépuisable cause de bonheur présente la pratique sincère des vertus sociales, des sentiments généreux de solidarité et de justice.

Un Etat peuplé d'ignorants peut être tranquille, mais à condition que la liberté n'y ait point de place ; et la tranquillité même y sera toujours précaire, car elle ne reposera que sur la crainte et la force. Les sujets ne se rendront pas compte des services dont ils seront redevables à leur prince et aux magistrats. Ceux-ci d'ailleurs, s'ils sont grossiers eux-mêmes, n'auront qu'une notion confuse de leurs devoirs et ne seront guère en état de les remplir dignement : de sorte qu'ils ne satisferont pas mieux les intérêts que les consciences.

Au contraire, supposez un peuple où le savoir soit vulgarisé du haut en bas de l'échelle sociale. Le pouvoir, prévoyant et sage, en toute occasion fera ce qu'il doit faire ; il sera équitable, clément, fort ; il favorisera les arts, le commerce, l'industrie, l'agriculture et la science ; il veillera non-seulement à la sécurité, mais au bien-être et à la dignité des citoyens ; il respectera leur liberté. Moralement et matériellement, il rendra des services immenses, et il sera aimé d'autant mieux qu'il sera mieux compris par des hommes plus éclairés.

Plein du sentiment de reconnaissance et de respect qu'un pareil pouvoir lui inspirera, le peuple n'aura aucun besoin de freins puissants pour être contenu. Libre, riche, heureux, il veillera lui-même au salut du gouvernement qui lui assurera tant de biens. Comme les magistrats rempliront leurs fonctions sociales, les citoyens tiendront à remplir aussi les leurs : convaincus de l'utilité, de la nécessité, pour eux-mêmes, des sacrifices qui leur seront demandés, ils les accompliront de bonne grâce ; ils sauront que, s'ils les éludaient, ils en souffriraient les premiers.

L'ordre règnera donc sans violence, sans terreur, d'une façon durable, par le seul effet de la diffusion des lumières, chacun ayant pu se rendre maître de cette vérité fondamentale : que son vrai bien est dans le bien de tous, et que l'intérêt public n'est en somme que la satisfaction des intérêts privés, rationnellement entendus.

C'est alors que les gouvernants ne seront pas tentés d'abuser de leur pouvoir, ni les gouvernés de leur indépendance. C'est alors que, sans qu'il s'ensuive aucun relâchement, les lois pourront être douces, et que les magistrats ne craindront pas de les appliquer encore avec douceur.

Evidemment aussi les inégalités qui ne sont pas fondées en nature, qui ne résultent pas de la diversité inévitable et heureuse des talents, des travaux et des mérites, s'effaceront sans espoir de retour, et les termes mêmes qui autrefois les désignaient finiront par tomber en désuétude et deviendront véritablement et proprement « langage barbare. »

Voilà pour quelles raisons Rabelais s'est préoccupé avec tant d'ardeur et un soin si minutieux du meilleur mode d'éducation, pourquoi il a voulu substituer universellement à l'étude des abstractions et des mots l'étude des choses, préparer enfin des générations capables de vivre et de prospérer avec un régime politique tel qu'il était arrivé à le concevoir.

II.

L'ancien système d'éducation.

Examinons maintenant les ressources que lui offrait, pour atteindre son but, le système suivi jusqu'alors. Elles étaient singulièrement faibles, à en juger par la satire sanglante qu'il a faite de ce système.

Sous la direction de maître Thubal Holoferne, puis de maître Jobelin Bridé, Gargantua vivait de la façon suivante.

« Il s'esveilloit entre huit et neuf heures, fust jour ou non : ainsi l'avaient ordonné ses régents théologiques, allegans ce que dit David : *Vanum est vobis ante lucem surgere.* (1) « Il gambadait quelque peu sur son lit, puis endossait sa robe de chambre et se peignait *des quatre doigts et le pouce* : « Car ses precepteurs disaient que soy autrement peigner, laver et nettoyer estoit perdre temps en ce monde. (2)

(1). L. I, ch. XXI.

(2) Id. Id.

« Sa toilette ainsi terminée, il déjeunait très-copieusement, trouvant que « s'être vautré pendant cinq ou six tours parmy le lict était suffisant exercice » pour justifier cette réfection matinale et disant que le pape Alexandre, qui faisait de même, n'en vécut pas moins jusques à la mort, en dépit des envieux.

Sortant de table, il entrait à l'église et y entendait « vingt et six ou trente messes. » Ensuite « on lui amenait, sur une traîne à bœufs, un faratz de patenostres de Saint-Claude, et, se pourmenant par les cloîtres, galeries ou jardins, en disait plus que seize ermites. » — « Puis estudioit quelque méchante demie heure, les yeulx assis dessus son livre : mais (comme dit le comique), son âme estoit en la cuisine.

« Le corps ne tardait guère à l'y suivre et Gargantua dînait plantureusement. « Cessoit de manger quand le ventre luy tiroit. A boire n'avoit point fin ni canon. Car il disoit que les metes et bornes de boire estoient quand, la personne buvant, le liége de ses pantoufles enfloit en haut d'un demy pied (1). » — Après dîner, il devisait avec ses gens et jouait à une infinité de jeux. Cela ramenait la soif ; il buvait de nouveau ; puis, « sur un beau banc, ou en beau plein lict, » il s'étendait et dormait deux ou trois heures, « sans mal penser ni mal dire. » Mais, de sa nature, il « dormait salé » ; en s'éveillant, il buvait donc encore.

« Puis commençoit à estudier quelque peu, et patenostres en avant ; pour lesquelles mieux en forme expédier, montoit sur une vieille mulle, laquelle avoit servi neuf rois : ainsi marmottant de la bouche, et dodelinant de la teste, alloit voir prendre quelque connil aux fillets. »

(1) L. I, ch. XXI.

Au retour, « soupoit très-bien, par ma conscience, et volontiers convioit quelques beuveurs de ses voisins ; « on causoit, on jouoit, on alloit chercher au dehors des distractions qui n'étaient pas toujours pures, « et petits banquets parmy, collations et arrière collations. — « Puis dormoit sans desbrider jusques au lendemain huit heures. »

Jolie existence, qu'en dites-vous ? et il n'est très-surprenant, vraiment, que l'écolier ne fit pas beaucoup de progrès.

Mais pendant ces quelques méchantes demi heures où il faisait semblant d'étudier, quelle nourriture présentait-on à son esprit ? Des livres de grammaire, des manuels de civilité et des sermons. « A la lecture desquels il devint aussi sage qu'oncques puis ne fourneasmes nous. (1) » De sorte qu'au bout de *cinquante-trois ans dix mois et deux semaines*, le résultat des soins successifs de maître Thubal Holoferne et de maître Jobelin Bridé était que Gargantua savait lire et écrire et que, de plus, dans un examen, il pouvait réciter par cœur, et au rebours, le *De modis significandi* de Jean de Garlande. Au demeurant il était absolument abêti, tellement que Grandgousier, en dépit de son indulgence paternelle, ne put s'empêcher de le reconnaître.

« De quoy se complaignant à don Philippe des Marays, vice-roi de Papeligosse, entendit que mieux luy vaudroit rien n'apprendre, que telz livres, sous telz précepteurs, apprendre. Car leur savoir n'estoit que besterie ; et leur sapience n'estoit que moufles, abastardissant les bons et

(1) L. I. ch. XIV.

nobles esprits, et corrompant toute fleur de jeunesse. (1) »

Il serait donc tout-à-fait superflu, sous prétexte que l'on a laissé perdre beaucoup de temps à Gargantua, de le soumettre à un régime plus sévère, de lui faire passer plus d'heures sur les livres, sans changer l'esprit du système. Ce serait, par exemple, une barbarie inutile, que d'enfermer le pauvre Gargantua dans le célèbre collége de Montaigu. Plutôt que de le condamner au séjour d'un semblable *collége de pouillerie,* « mieux l'eusse voulu, dit Ponocrate, mettre entre les guenaux de Saint Innocent, pour l'énorme cruaulté et villenie que j'y ai cogneu. Car trop mieulx sont traictés les forcés entre les Maures et Tartares, les meurtriers en la tour criminelle, voir certes les chiens en vostre maison, que ne sont ces malautrus audit collége. Et, si j'estois roi de Paris, le diable m'emporte si je ne mettois le feu dedans, et faisois brusler et principal et regens, qui endurent ceste inhumanité devant leurs yeulx estre exercée. (2) »

Ces paroles sont dures et sans doute empreintes de l'exagération naturelle à la satire. Mais en somme elles portaient juste. Les écoliers étaient traités de telle sorte dans ce collége de Montaigu, la malpropreté du logement était si grande et la qualité de la nourriture si mauvaise, qu'Erasme y était tombé malade, *ex putridis ovis et lecto infecto*, et avait failli y mourir. L'éducation physique, au moins, y était donc fort mal pratiquée. L'éducation intellectuelle et morale certainement était supérieure à celle de Gargantua sous ses premiers

(1) L. I, ch. XV.

(2) L. I, ch. XXXVII.

maîtres, laquelle est une caricature. Mais au fond, néanmoins, elle s'inspirait du même esprit. Les sciences étaient loin d'y occuper la place qui leur revient légitimement. C'étaient les études de grammaire, de mots, les abstractions, qui dominaient. On vivait dans un monde factice, dans une sorte d'île littéraire, isolée des faits, des réalités; là le syllogisme fleurissait, et l'observation était ignorée; là on pâlissait sur les livres, on commentait à perte de vue les auteurs; mais l'univers, on n'apprenait pas à le déchiffrer. La préparation vraie à l'existence active faisait défaut. On sortait de l'école sachant un grand nombre de choses peu utiles, ne connaissant point la plupart de celles qui eussent été nécessaires. Ajoutons que la négligence du corps est une mauvaise préparation au respect moral de soi-même et que les méthodes d'enseignement alors généralement suivies ne se trouvaient pas non plus de nature à développer chez les élèves le sentiment de la dignité personnelle. Elles tendaient à éteindre l'initiative, l'indépendance du caractère et de l'esprit — Ce n'est point ainsi que doivent être formés les citoyens libres dont se composera la société politique de Rabelais.

III.

Le système nouveau.

Aussi, bien autre est l'*Institution* de Ponocrate.

Il rompt entièrement avec le passé, il n'en conserve aucun

vestige, il en efface même le souvenir. Pour commencer, il purge canoniquement Gargantua avec de l'ellébore et lui nettoye ainsi le cerveau : le vide vaut mieux qu'un encombrement malsain. Puis il l'introduit en bonne compagnie, le fait vivre avec des gens savants, « à l'emulation desquelz luy creust l'esprit et le désir d'estudier autrement, et se faire valoir. » Aussitôt, « en tel train d'étude le mit, qu'il ne perdoit heure quelconque du jour : ains tout son temps consommoit en lettres et en honneste savoir. (1) »

Voyons le détail de ce nouveau « train d'étude ».

Gargantua se lève vers quatre heures du matin. « Cependant qu'on le frotte » lecture lui est faite de « quelque page de la divine Ecriture, » dont le texte lui fournit souvent une occasion et un sujet de prière. — Il examine ensuite l'état du ciel, s'il a varié depuis le soir précédent, « et en quelz signes entre le soleil, aussi la lune pour icelle journée. » — « Ce fait, *est* habillé, peigné, testonné, accoustré et parfumé, durant lequel temps on lui *répète* les leçons du jour d'avant. Luy mesme les *dit* par cœur, et y *fonde quelques cas pratiques concernens l'estat humain ;* lesquelz ils *estendent* aucunes fois jusques deux ou trois heures, mais ordinairement *cessent* lorsqu'il est du tout habillé. » (2)

« Puis, par trois bonnes heures, luy *est* faite lecture. »

Après quoi on sort, on joue « à la balle, à la paulme, à pile trigone, galantement s'exerceans les corps, comme ilz ont les âmes auparavant exercé. » Ici nulle contrainte, « car ilz laissent la partie quand leur plaist, » sitôt qu'ils suent ou

(1) L. I, ch. XXIII.

(2) Id. Id.

se sentent fatigués. Et l'on revient voir si le dîner est prêt, tout en causant de la dernière leçon.

On se met à table. Au commencement du repas, on lit « quelque histoire plaisante des anciennes prouesses ; » on continue en devisant joyeusement, « parlans, pour les premiers moys, de la vertu, propriété, efficace et nature de tout ce que leur estoit servy : du pain, du vin, de l'eau, du sel, des viandes, poissons, fruits, herbes, racines, et de l'apprest d'icelles. » On cite les passages « à ce competens » des auteurs anciens ; on apporte les livres pour les vérifier. « Et si bien et entierement retint en sa mémoire les choses dites, que, pour lors, n'estoit medecin qui en sceut à la moitié tant comme il faisoit. » On revient, à l'occasion, sur les objets étudiés le matin, et l'on finit en « *s'escurant* les dents avec un trou de lentisce, se *lavant* les mains et les yeulx de belle eau fraische, et *rendant* graces à Dieu par quelques beaux cantiques. »

A ce moment on apporte les cartes, « non pour jouer, mais pour y apprendre mille petites gentillesses et inventions nouvelles, » qui toutes naissent de l'arithmétique. On s'amuse pareillement à faire « mille joyeux instruments et figures géométriques, » et de mesme à « pratiquer les canons astronomiques ». Enfin on « chante musicalement, à quatre ou cinq parties, ou sur un theme, à plaisir de gorge ; on s'exerce sur le luth, l'épinette, la harpe, la flûte, etc. En un mot, en passant gaiement et sans fatigue le temps de la digestion, on trouve moyen d'apprendre l'arithmétique, la géométrie, l'astronomie et la musique.

— « La digestion parachevée, » nouvelle grande étude de

trois heures, « tant à repeter la lecture matutinale qu'à poursuivre le livre entrepris, » ou à écrire.

« Ce fait, issoient hors leur hôtel. » Sous la direction de l'écuyer Gymnaste, Gargantua se forme à l'art de chevalerie, c'est-à-dire à tous les genres d'exercice corporel : équitation, natation, course, escrime de toutes armes, gymnastique, etc., etc , ayant toutefois principalement en vue les choses qui « servent à discipline militaire. »

« Le temps ainsi employé, luy frotté, nettoyé et refraischi d'habillemens, tout doucement s'en retournoient et, passant par quelques prés ou autres lieux herbus, visitoient les arbres et plantes, les conferens avec les livres des anciens qui en ont escript, comme Theophraste, Dioscorides, etc., et en emportoient leurs pleines mains au logis. » Le page Rhizotome se chargeait de ces plantes, ainsi que de tous les instruments « requis à bien arborizer. »

On rentre. En attendant le souper, on répète quelques parties de la leçon. Le dîner avait été frugal, « seulement pour refrener les aboys de l'estomac » ; le souper est « copieux et large ». « Car tant en prenoit que luy estoit de besoing à soy entretenir et nourrir. Ce que est la vraye diette, prescrite par l'art de bonne et seure medecine. » Durant le repas on continue, tant que bon semble, la lecture du dîner : « le reste est consommé en bons propos, tous lettrés et utiles. »

« Après grâces rendues », on chante, on joue des instruments de musique; dés, cartes, gobelets servent à faire mille tours amusants. Ces divertissements prennent quelquefois toute la soirée ; d'autres fois on va visiter « les compagnies des gens lettrés, ou de gens qui eussent veu pays estranges. » — « En pleine nuyt, devant que soy retirer, alloient, au lieu du logis le plus descouvert, voir la face du ciel ; et là notaient les cometes, si aucunes estoient; les figures, situations, aspects, oppositions et conjonctions des astres. » — « Puis, avec son précepteur, recapituloit briévement, à la mode des Pythagoriques, tout ce qu'il avoit leu, veu, sceu, fait et entendu au decours de toute la journée. » Prière du soir. Coucher.

Voilà la journée, quand il fait beau temps; mais « s'il *advient* que l'air *soit* pluvieux et intempéré. » nécessairement une bonne partie en est employée de façon différente. Après dîner, « au lieu des exercitations » on « s'esbat » du mieux qu'on peut au logis, on fend du bois, on en scie, on bat le blé. On étudie la peinture et la sculpture. Bref, on sait employer encore, pour le plus grand bien du corps et de l'esprit, les heures pendant lesquelles il est impossible de sortir.

Toutefois, si la campagne est interdite à nos gens, rien ne les empêche d'aller de maison en maison, et ils en profitent heureusement pour voir comment on tire les métaux, comment on fond l'artillerie, comment travaillent les lapidaires, orfèvres et tailleurs de pierreries, les alchimistes, les monnoyeurs, les hautelissiers, les tissotiers, les veloutiers, les horlogers, les miroitiers, imprimeurs, organistes, teinturiers, etc., etc., « partout donnant le vin, apprennent et considerent l'industrie et invention des mestiers. »

Ne pouvant « arborizer », ils visitent les boutiques des droguistes, herboristes et des apothicaires, examinent « les fruits, racines, feuilles, gommes, semences, axunges peregrines, ensemble aussi comment on les adultere. »

Ils vont entendre « les leçons publiques, les actes solennels, les répétitions, les déclamations, les plaidoiés des gentilz advocatz, les coucions des prescheurs evangeliques. »

Enfin, comme il faut toujours rire, ils vont voir aussi « les basteleurs, trajectaires et theriacleurs, et considérer leurs gestes, leurs ruses, leurs soubressaults et beau parler : singulièrement de ceux de Chaunys en Picardie, car ilz sont de nature grands jaseurs, et beaux bailleurs de baillivernes en matieres de cinges verds. »

Ces jours-là, au souper, on mange plus sobrement que les autres jours, « et viandes plus dessicatives et extenuantes, » pour corriger l'influence de l'air humide et tenir compte de ce que l'on n'a pu « s'exerciter » comme de coutume.

Une fois par mois, par un temps « bien clair et serein, » on abandonnait la ville dès le matin ; « et alloient » à Gentilly, ou à Bologne, ou à Montrouge, ou au Pont-Charenton, ou à Vanves, ou à Saint-Clou ; et là passoient toute la journée à faire la plus grande chere dont ils se pouvoient adviser. » Absence de livres n'était pas absence de profit. Car le sage precepteur savait rendre les plaisirs mêmes instructifs, et, « en beau pré, ilz recoloient par cœur quelques plaisants vers de l'Agriculture de Vigile, de Hésiode, du Rustique de Politian ; descrivoient quelques plaisans épigrammes en latin, puis les mettoient par rouleaux et ballades en langue française, etc, etc. »

Tel est le régime institué par Ponocrate, « lequel, combien qui semblast pour le commencement difficile, en la continuation tant fut doux, legier et délectable, que mieulx ressembloit un passe-temps de roy que l'estude d'un escolier (1) ».

Les résultats n'en étaient pas moins bons.

IV

Caractères du nouveau système.

Si le but rationnel de l'éducation est de nous mettre en état de vivre d'une vie complète, d'employer sagement toutes nos facultés pour notre plus grand bien personnel et pour le plus grand bien d'autrui, où trouvera-t-on mieux que ce système ? Ni Montaigne, ni Locke, ni Jean-Jacques Rousseau, ni les écrivains du XIXe siècle, n'ont ajouté rien de fondamental aux idées émises par Rabelais. En théorie, nous ne sommes pas plus avancés; en pratique, nous le sommes beaucoup moins.

« Je me contente de souhaiter, disait tout récemment un jeune critique, que nous fassions jusqu'à Montaigne et Rabelais un pas en arrière ; ce serait un grand pas en avant » (2).

(1) Livre I, chap XXIV.

(2) *Revue politique et littéraire*, n° du 6 Juin 1874. — *Les questions d'enseignement au XVIe siècle : De l'éducation dans Rabelais et dans Montaigne*, par M. Raoul Jeudy.

Mais, quoiqu'il suffise vraiment de lire l'exposé du plan de Ponocrate pour en reconnaître l'excellence, il ne sera pas inutile d'insister un peu sur les avantages qu'il présente au triple point de vue du développement physique, du développement intellectuel et du développpement moral.

Rabelais, en qualité de médecin, pouvait moins que personne oublier l'importance capitale de l'éducation physique. Aussi voyons-nous que son précepteur idéal ne néglige rien pour en assurer le succès. Soins de propreté et d'hygiène, bonne nourriture et sommeil suffisant, exercices variés, promenades en plein air, libres jeux: rien de ce qui peut rendre un homme sain, robuste et beau, n'est dédaigné ou omis. Sitôt que Gargantua est en sueur, il est « très bien essuyé et frotté », et ne manque pas de « changer de chemise. » Quand il a dîné, il se cure les dents, il se lave les mains et le visage. S'il pleut, son repas est préparé de façon à combattre les fâcheux effets de l'atmosphère humide. Tant que sa digestion n'est point « parachevée, » on ne le laisse ni écrire, ni lire ; etc., etc.

Mais le trait caractéristique de cette sollicitude pour le bon état du corps, c'est la réduction à six heures par jour,— trois heures le matin, trois heures l'après-midi, — du temps consacré à l'étude proprement dite, à l'étude suivie qui exige l'immobilité des membres et la tension fatigante de l'esprit. Rien de plus contraire aux habitudes des gens studieux du XVIe siècle, qui volontiers se laissaient aller à d'énormes excès d'application cérébrale.

Dans les Ecoles, on les encourageait, on les imposait, les excès de ce genre, ainsi qu'une chose non-seulement légitime et naturelle, mais nécessaire. Rabelais, lui, en savait le péril. Et en effet, tandis qu'il en résulte les plus redoutables inconvénients physiques, on n'en retire réellement aucun profit intellectuel. Loin de là, on abâtardit et on stérilise pour l'avenir les facultés ainsi surexcitées. Le cerveau, hâtivement surchargé, ne se développe ni ne se fortifie comme il l'eût fait dans des conditions normales. On se trouve avoir tourné le dos au vrai but.

Mieux dirigé, Gargantua l'atteindra. Soutenue par la force corporelle, sa vigueur mentale sera portée au plus haut point, et une culture bien entendue en utilisera toutes les ressources.

Tant par la nature des choses qu'il enseigne que par la méthode qu'il emploie, Ponocrate prouve qu'il se rend parfaitement compte de ce que doit être l'éducation intellectuelle.

Ce n'est plus seulement l'étude des langues anciennes, la scolastique et la théologie, qui font la base des études de Gargantua. Cette base, au contraire, est toute scientifique. C'est l'arithmétique, la géométrie, l'astronomie, la physique, l'histoire naturelle ; c'est ce qu'on savait alors de chimie, de physiologie, de médecine ; c'est le côté moral de l'histoire, de la littérature, des beaux-arts ; ce sont enfin les arts industriels, leur utilité, leur réelle grandeur, que Ponocrate, ce maître d'un nouveau genre, veut faire connaître à son élève. Et il y a là toute une révolution, la conception de nécessités sociales dont on ne se doutait pas alors, et que bien peu de gens encore reconnaissent véritablement aujourd'hui.

« Ce qui est le plus négligé dans nos écoles, dit M. Herbert Spencer, c'est justement ce dont nous avons le plus grand besoin dans la vie. Nos industries périraient, sans l'instruction supplémentaire que les hommes acquièrent comme ils peuvent, après que leur éducation est déclarée terminée. Et sans cette instruction accumulée de siècle en siècle, en dehors de l'enseignement officiel, ces industries n'eussent jamais existé... Notre science, tous les jours grandissante, des lois qui président aux phénomènes — science qui nous permet d'asservir la nature à nos besoins, et de procurer au paysan, aujourd'hui, des jouissances auxquelles les rois, autrefois, ne pouvaient pas atteindre — n'est due que pour une petite part à nos établissements d'instruction publique. (1) » Ces paroles ne s'appliquent pas exclusivement à l'Angleterre et l'on retrouverait des plaintes analogues dans les ouvrages des écrivains français, dans le livre récent de M. Robin, par exemple, *l'Instruction et l'Education.*

Ce fait peut servir à juger combien était radical le changement que Rabelais faisait apporter par Ponocrate dans les matières mêmes de l'enseignement, et à quel sentiment exact, à quelle admirable prévoyance des besoins profonds d'une société civilisée il obéissait en instituant cette réforme.

Mais ce qui est plus remarquable encore peut-être que l'intronisation des études positives, jusque-là négligées, dans l'éducation, c'est le renouvellement complet des méthodes. A la coutume de faire apprendre par cœur, Rabelais substitue celle de faire apprendre par raisonnement et ex-

(1) *De l'Education intellectuelle, morale et physique*, traduit de l'anglais, chez Germer Baillière, 1878. Ch. I, page 39.

périmentation ; à l'habitude d'enseigner par principes, celle de commencer par les cas particuliers, d'aller du concret à l'abstrait et de l'empirique au rationnel. Au lieu d'habituer l'enfant à recevoir la parole du maître ainsi qu'un oracle, il l'habitue à trouver par lui-même, à voir les choses, à observer, à induire. Au lieu de le contraindre à l'étude par force, de déployer une sévérité chagrine, il s'ingénie à rendre le travail agréable, à lui enlever toutes ses épines ; il suit la nature, la prend sur le fait, et c'est à mesure qu'une faculté se développe, qu'il lui propose l'aliment qui lui convient. Ainsi le plaisir remplace la peine et l'écolier ne paye plus d'un bonheur présent et sûr un bonheur à venir et douteux.

Qui n'aperçoit les conséquences morales considérables d'un tel régime ?

Ne souffrant point, ne pouvant pas se considérer comme victime, entouré de sympathies actives, d'affections toujours bienfaisantes, l'enfant ne saurait éprouver lui-même, pour ses parents, pour ses maîtres, pour tous ceux qui vivent auprès de lui, que des sentiments sympathiques et affectueux. Il devient nécessairement bon.

Les visites dans les ateliers, dans les usines, dans les manufactures, chez les pharmaciens, chez les bijoutiers, etc. etc., en lui faisant saisir sur le vif l'utilité de toutes les professions, de tous les métiers comme de tous les arts, lui inspirent pour ses concitoyens, à quelque classe qu'ils appartiennent, du respect, de l'amour, de la reconnaissance.

Enfin le développement spontané, l'observation directe des choses, le libre examen, la vie libre, joints à la santé, à la force physique, donnent de la décision, de l'initiative, du courage, de l'indépendance.

Ainsi élevés, les enfants feront des hommes pour qui la politique de Rabelais sera la politique nécessaire, comme eux-mêmes seront les citoyens nécessaires pour l'application de cette politique.

Mais, dira quelqu'un, cela n'est qu'un rêve. Car, l'éducation de Gargantua, elle ne convient qu'à Gargantua ; elle n'est possible que pour un fils de roi, pour un seul élève, en tout cas, et pour un élève excessivement riche ; et encore, même ainsi réduit, ce plan est utopique, tellement c'est chose rare que de trouver un homme doué tout à la fois et de la science encyclopédique et de la faculté d'enseignement que vous attribuez à Ponocrate !

A cette objection, la réponse est faite, et bien faite, par M. Fleury, qui a compris parfaitement la largeur de la conception rabelaisienne et en a saisi le côté pratique. Non, ce n'est pas pour un fils de roi, ce n'est pas pour un élève unique, que Rabelais a élaboré un tel système d'éducation, si humain, si utile à tous ; il l'a mis au jour pour tout le monde et il n'y a point d'impossibilité à le pratiquer d'une façon générale.

« La méthode, dit M. Fleury, n'a pas besoin d'être appliquée dans tous ses détails par un maître unique. Il suffit qu'il y ait une tête qui dirige l'ensemble de l'enseignement, et cet enseignement peut aussi bien être donné à un groupe d'élèves qu'à un individu. La seule condition, c'est que, pour chaque degré de développement, les élèves ne soient pas trop nombreux, et tous de force à peu près égale. Mais il n'est nullement nécessaire que le maître qui accompagne les élèves dans leurs excursions botaniques, soit le même qui leur enseigne la gymnastique ou l'astronomie, — l'escrime ou la versification française. Il suffit que tous les pédagogues soient imbus, pénétrés de la méthode et, sauf quelques restrictions, quelques modifications de détail, les idées de Rabelais sont aussi pleinement applicables à une réunion d'individus qu'à un seul individu, à l'éducation des jeunes filles qu'à l'instruction des jeunes garçons.

« Les petits jardins, les petites constructions de Frœbel, les leçons de choses, les images de Mme Pape-Carpantier, le système établi par elle pour l'enseignement dans les salles d'asile, peuvent être considérés comme un commencement d'application de la pédagogie rabelaisienne. Le problème n'est plus que de l'appliquer aux études supérieures. Ce second pas est évidemment moins difficile que le premier. Si l'Etat a trop de responsabilité pour oser se lancer dans cette expérience, il faut espérer que l'industrie privée y suppléera. » (1)

(1) *Rabelais et ses œuvres*, ch. XVI, § 27. — L'industrie privée est déjà à l'œuvre. La fondation à Paris de l'*Ecole Monge* et de l'*Ecole Alsacienne* répond à ce vœu de M. Fleury et de tous les esprits éclairés.

CHAPITRE VIII

LE PEUPLE.

Je pourrais presque me dispenser, à vrai dire, d'ajouter ici un chapitre spécial sur le « peuple, » sur cette masse d'hommes qui forme le fonds de la nation, qui laboure, sème et récolte, transforme les produits bruts du sol, les transporte et les échange. C'est à elle, en effet, c'est au peuple que se rapporte tout ce que nous avons vu déjà des idées politiques de Rabelais. A quoi tendent ses remarques sur la Royauté, sur le Clergé, sur la Noblesse, sur la Justice, sur l'Education, sinon à rendre le peuple libre et heureux, à le faire jouir d'un bon gouvernement, des bienfaits de l'ordre, de l'équité sociale, de l'économie dans l'administration des deniers publics, et de l'instruction répandue à grands flots ?

Il ne sera pas inutile néanmoins de mettre en lumière quelques passages qui n'ont pas trouvé leur place dans les chapitres précédents, et qui montreront d'une façon directe combien Rabelais avait observé le peuple, combien il le connaissait, combien il l'aimait, et quelle intuition profonde il avait de ses droits, de ses devoirs et de son avenir.

I

Panurge est-il la personnification du peuple ?

On a cru voir quelquefois dans Panurge la personnification du peuple, comme on a cru y voir aussi la personnification de Rabelais lui-même. Ces suppositions s'expliquent par la grande importance donnée dans le *Pantagruel* au personnage étrange de Panurge. Il est assez naturel de former d'abord l'une ou l'autre. Mais à les examiner de près, on les trouve également fausses. Panurge ne peut pas plus représenter le peuple qu'il ne peut représenter Rabelais. Ni Rabelais, ni le peuple, grâce au ciel, n'ont jamais eu le formidable ensemble de vices qu'il porte si allègrement, avec la perfection du cynisme : l'inconscience ; et s'il faut reconnaître à Rabelais autant d'esprit et de savoir qu'à Panurge, certes ce sont là des qualités qui, en aucun temps, ne furent populaires.

N'oublions pas le portrait du compagnon : « fin à dorer

comme une dague de plomb, bien galant homme de sa personne, sinon qu'il estoit quelque peu paillard, et subject de nature à une maladie qu'on appeloit en ce temps-là :

Faulte d'argent, c'est douleur non pareille.

Toutefois il avoit soixante et trois manières d'en trouver tousjours à son besoing ; dont la plus honorable et la plus commune estoit par façon de larrecin furtivement fait; malfaisant, pipeur, beuveur, batteur de pavés, ribleur, s'il en estoit en Paris.

Au demeurant, le meilleur fils du monde (1).

Et ce n'est là qu'un croquis incomplet; il faut le voir à l'œuvre; il n'est pire coquin. On lui pardonnerait de « tousjours machiner quelque chose contre les sergens et contre le guet » (2), s'il ne machinait que des espiègleries. Mais ce sont des tours pendables, au contraire, qu'il imagine. Et du résultat, si triste fût-il, « il ne s'en soucioit mie » (3). Il est méchant et cruel à la manière des enfants, sans même le savoir ; mais les enfants ont pour eux cette excuse, qu'ils sont enfants ; et il est homme : « pour lors estoit en aage de trente et cinq ans ou environ » (4). Le sens moral lui fait entièrement défaut; il ne distingue ni bien ni mal. Il a souffert, à ce qu'il conte ; mais s'il ne le disait, on ne s'en douterait pas. Dans ses actes rien n'en porte la trace. Il ne

(1) Liv. II, ch. XVI.

(2) Idem.

(3) Idem.

(4) Idem.

compatit à aucune douleur et il se réjouit de celles qu'il cause. Le remords lui est inconnu, comme l'attendrissement. Et ce n'est pas même une vivacité excessive, un premier mouvement dont il n'est pas maître, qui lui fait commettre des actes nuisibles, sans qu'il ait le temps d'y réfléchir. Non, il les combine, il les prépare de longue main, il les exécute avec une froideur parfaite. Il n'est nullement emporté, mais il est vindicatif. Il se permet tout contre tous ; personne ne l'égale en insolence ; mais il ne pardonne rien de ce qu'on se permet contre lui. Songez à ce malheureux Dindenaut, qu'il noie pour quelques plaisanteries ; il noie en même temps les autres bergers, aussi innocents que leurs moutons ; mais vraiment il ne lui en chault guère ; et s'il prend une perche quand il les voit barboter, ne croyez pas que c'est pour la leur tendre, c'est pour les empêcher de remonter dans le vaisseau. Il ne leur en veut pas ; pourquoi leur en voudrait-il ? seulement cela l'amuse de les voir périr. « Vous vous damnez, » lui dit frère Jean ; mais il s'en rit. Il est incrédule tant qu'il n'est pas en danger. Le danger venu, le voilà fort bon chrétien. Car il est aussi couard en actes que hardi en paroles, et il redoute autant la douleur ou la mort pour lui qu'il en fait peu de cas pour les autres. Il a honteusement peur durant la tempête, et quand frère Jean, aidant à la manœuvre, jure, dit : « Je me donne à tous les diables ! » Panurge, dévot, murmure entre ses dents : « Dieu soit avec nous ! » Il voue une chapelle à saint Nicolas. Sauvé, il bafoue le pauvre saint ; et alors frère Jean peut jurer, il peut se donner à tous les diables : « J'en suis de moitié ! » s'écrie Panurge, dont la foi passe en même temps que le péril. En terre ferme, il hante les Eglises, gagne des pardons à tous les troncs, donne à toutes les quêtes ; mais il a soin de se payer au centuple, selon la parole de l'Evangile, et par ses mains, « car il n'est tel. » Il commence avec un denier emprunté et, quand il a fini, il montre à Alcofribas dix ou douze de ses « bougettes » pleines d'argent. « A quoy je me seignay, faisant la croix et disant : Dond avez-vous tant recouvert d'argent en si peu de temps ? A quoy il me respondit qu'il l'avoit pris ès bassins des pardons : car en leur baillant le premier denier (dist-il), je le mis si souplement qu'il sembla que fust un grand blanc ; ainsi, d'une main je pris douze deniers, voire bien douze liards, ou doubles pour le moins, et, de l'autre, trois ou quatre douzains : et ainsi par toutes les églises où nous avons esté » (1). Il va aussi à la croisade : « Si tu savois comment je fis mes choux gras de la croysade, tu serois tout esbahy. Elle me valut plus de six mille fleurins. Et où diable sont-ils allés ? dis-je, car tu n'en as une maille. Dond ils estoient venus, dist-il. » (2). Il justifie le proverbe : « bien mal acquis ne profite pas. » Il a tant de fantaisies, et de si étranges, à satisfaire, « hormis la réparation de dessous le nez » et ses goûts de débauche, qu'il est toujours plus pauvre que Job. « Soixante et trois manières de recouvrer argent, » c'est bien ; mais « deux cent quatorze de le despendre, » c'est mieux. Ce fripon prodigue serait mort de faim quelque jour, à moins qu'il ne se fût laissé pendre, s'il n'eût eu la bonne fortune de rencontrer Pantagruel, dont l'indulgente sagesse s'amuse de cette folie relevée par de rares connaissances et

(1) Liv. II, ch. XVII.

(2) Idem.

une incomparable verve. Mais les générosités plus que royales de ce maître unique ne parviennent pas à enrichir Panurge. Dans son château et dans ses terres il ne saurait se prendre au sérieux. « Et se gouverna si bien et si prudentement monsieur le nouveau chastelain, qu'en moins de quatorze jours, il dilapida le revenu certain et incertain de sa chastellenie pour trois ans. Non proprement dilapida, comme vous pourriez dire, en fondations de monastères, érections de temples, bastiments de colliéges et hospitaux, ou jettant son lard aux chiens. Mais despendit en mille petits banquetz et festins joyeux, ouverts à tous venants, mesmement à tous bons compagnons, jeunes fillettes et mignonnes galloises. Abatant bois, bruslant les grosses souches pour la vente des cendres, prenant argent d'avance, achetant cher, vendant à bon marché et mangeant son bled en herbe » (1). Que voulez-vous ? il faut qu'il ait des dettes. Il ne se reconnaîtrait plus, s'il se voyait une fois quitte.

Comment retrouver le caractère du peuple français dans une semblable figure ? Non, Panurge n'est pas le peuple. Il est enfant du peuple, soit ; mais il est sorti du peuple au sein duquel il était né ; il s'est élevé au-dessus par la culture supérieure de son intelligence, comme il est tombé au-dessous par les vices auxquels il s'est abandonné. C'est un déclassé, ce que nous appelons un « bohême, » et incapable de se ranger. Il est devenu un courtisan, une sorte de bouffon du roi, et c'était là en effet la seule charge qu'il pût convenablement remplir. Encore lui fallait-il un prince aussi débonnaire que Pantagruel.

(1) Liv. III, ch. II.

Une nation où les Panurges seraient en majorité est impossible à concevoir ; elle ne durerait pas cinquante ans.

II

Mœurs populaires

Lorsque Rabelais veut peindre le peuple, il se sert de couleurs tout autres, et il fait un portrait ressemblant. Personne ne l'a observé avec plus d'attention et de sympathie ; personne n'a mieux reproduit ses mœurs. Rabelais abonde en tableaux populaires, aussi fidèles que pittoresques. Les citations ne finiraient pas, si je prétendais les rappeler tous. Je me bornerai à quelques-unes, qui suffiront pour l'objet de cette étude.

Le peuple de France de tout temps fut gai, aima les festins et les réjouissances. Mais il s'amuse innocemment, sans mal penser ni mal faire. Ses jeux ne ressemblent point aux impitoyables facéties de Panurge. Quand ils ont tué un bœuf ou un porc pour le saler, nos paysans volontiers se traitent entre eux, et après boire les jeunes gens dansent. Grandgousier aime ces mœurs joyeuses ; il se mêle à ces réunions. On est sûr, lui présent, qu'il ne se fera rien de blâmable. « Les tripes furent copieuses, et tant friandes estoient que chascun en leichoit ses doigts. Mais la grande diablerie à quatre personnages estoit bien en ce que possible n'estoit longuement les reserver. Car elles fussent pourries, ce que sembloit indecent. Dond fust conclud qu'ils les bauffreroient sans rien y perdre. A ce faire convierent tous les citadins de Sainnais, de Suillé, de la Roche-Clermand, de Vaugaudry, sans laisser arrière le Coudray, Montpensier, le Gué de Vede, et autres voisins, tous bons beuveurs, bons compagnons, et beaux joueurs de quille là. Le bonhomme Grandgousier y prenoit plaisir bien grand et commandoit que tout allast par escuelles... Apres disner, tous allerent pesle mesle à la saulsaie, et là, sus l'herbe drue, danserent au son des joyeux flageolets et douces cornemuses, tant baudement que c'estoit passe-temps celeste les voir ainsi soy rigoller. » (1).

Si, après boire, on danse; après danser, il faut boire. C'est alors que chacun est animé et que les propos vont grand train. Rabelais les a entendus, il les a notés pour nous: « Lors flacons d'aller, jambons de trotter, goubelets de voler, breusses de tinter. Tire, baille, tourne, brouille. Boutte à moy sans eau; ainsi, mon amy, fouette moy ce verre galantement; produis moy du clairet, verre pleurant. Treves de soif. Ha, faulse fievre, ne t'en iras-tu pas? Par ma foy, commere, je ne peux entrer en bette. Vous estes morfondue, m'amie. Voire, Ventre saint Quenet, parlons de boire. Je ne boy qu'à mes heures, comme la mule du pape. Je ne boy qu'en mon breviaire, comme un beau-père guardian, etc,, etc., etc. »

Mais ce n'est pas tous les jours fête, et il ne fait pas bon toute l'année sous la saulsaye. Il vient un temps où l'herbe n'est plus drue, où le froid a dépouillé les arbres. C'est le temps des veillées et des longues conversations le soir, au

(1) Liv. I, ch. IV.

coin de la haute cheminée. Grandgousier ne les dédaigne pas non plus ; son intérieur est celui d'un bon bourgeois ou d'un paysan à l'aise, non d'un prince comme François Ier ; mais cette simplicité patriarcale n'est point sans une grâce rustique et une certaine grandeur naïve : « Le vieux bonhomme Grandgousier,... après souper, se chauffe... à un beau, clair et grand feu ; et, attendant graisler des chastaignes, escrit au foyer avec un baston bruslé d'un bout, dont on escharbotte le feu, faisant à sa femme et famille de beaux contes du temps jadis » (1).

Ces côtés de la vie populaire ont leur poésie, et Rabelais devait la saisir. Mais il ne serait pas Rabelais, si les côtés ridicules ne l'avaient frappé également.

Chacun sait comment il se moque de la curiosité banale qui fait que le passant, dans les grandes villes, s'arrête si aisément pour examiner des choses qui ne méritent pas l'attention « Le peuple de Paris est tant sot, tant badaut, et tant inepte de nature, qu'un basteleur, un porteur de rogatons, un mulet avec ses cymbales, un vielleux au milieu d'un carrefour assemblera plus de gens que ne ferait un bon prescheur evangelique » (2).

Voici un petit travers commun à la ville et à la campagne : c'est le besoin mécanique de pousser certains cris, de faire certains mouvements, ou d'entendre pousser ces cris, de voir faire ces mouvements par quelqu'un, dans des circonstances plus ou moins comiques. Durant la tem-

(1) Liv. I, ch. XXVIII.

(2) Liv. I, ch. XVII.

pête, lorsque l'impétueux frère Jean jure comme tous les diables, Panurge le reprend : « Vous peschez, frère Jean, mon ami ancien... Il me fasche le vous dire. Car je croy que ainsi jurer vous face grand bien à la ratelle : comme à un fendeur de bois fait grand soulagement celuy qui à chascun coup près de lui crie Han, à haulte voix : et comme un joueur de quilles est mirificquement soulagé, quand il n'a jetté la boulle droit, si quelque homme d'esprit près de luy panche et contourne la teste et le corps à demy du cousté auquel la boulle aultrement bien jettée eust fait rencontre de quilles » (1).

Ce sont là des observations extérieures. Mais la physionomie morale du peuple n'a pas été moins étudiée ni moins bien rendue par Rabelais. Il sait parfaitement que les paysans n'ont pas le défaut d'être prodigues, au contraire ; ils seraient plutôt avares. Dans sa chanson des *Bœufs*, Pierre Dupont fait préférer au laboureur la mort de sa femme, — qu'il aime cependant, — à celle de ses bœufs ; et il est certain qu'aujourd'hui encore, dans nombre de villages, on se résout plus facilement à appeler le vétérinaire pour une vache ou un cheval, que le médecin pour une personne.

L'argent est dur à gagner pour le cultivateur, et il en mesure naturellement le prix à la peine qu'il lui a coûtée. Voyez ce sentiment en action : « Le laboureur retournant en sa maison estoit triste et pensif. Sa femme tel le voyant, cuidoit qu'on l'eust au marché desrobé. Mais... voyant... sa bourse pleine d'argent, doulcement le reconforta » (2).

(1) Liv. IV, ch. XX.

(2) Liv. IV, chap. XLVII.

Par une conclusion logique, le paysan arrive au respect de la propriété. Tenant à la sienne comme il y tient, il comprend que ce sentiment ne lui soit point particulier ; il se trouve par là disposé à considérer comme sacré pour lui chez les autres ce qu'il veut que les autres considèrent également comme sacré chez lui. Aussi les emprunteurs qui ne rendent jamais, qui sont débiteurs éternels, à l'admiration de Panurge, sont-ils en horreur dans toutes les campagnes. On les fuirait comme pestes, s'ils voulaient y séjourner ; on les y laisserait périr de mâle faim sans miséricorde. Les gens qui y sont en honneur, ce sont les braves gens comme Couillatris, de qui il n'y a rien à redouter. Celui-là ne fera tort à personne ; il sait ce que c'est que de « gagner cahin caha sa pauvre vie, » car pour bien il n'a que sa cognée.

Mais quand il la perd, quelle désolation ! « Par sa coignée vivoit en honneur et réputation entre tous riches buscheteurs ; sans coignée, mouroit de faim. La mort, six jours après, le rencontrant sans coignée, avec son dail l'eust fauché et cerclé de ce monde. » Il crie si fort que les dieux la lui rendent. Mais entre trois qu'on lui propose, il choisit la sienne, l'honnête homme ; il laisse celle d'or et celle d'argent ; il ne touche pas au bien d'autrui. « Tu as assez crié pour boire, lui dit Mercure... Regarde laquelle de ces trois est ta coignée, et l'emporte. Couillatris soubleve la coignée d'or : il la regarde et la trouve bien poisante : puis dit à Mercure : M'armes, ceste cy n'est mie la mienne. Je n'en veulx grain. Autant fait de la coignée d'argent, et dit : Non est ceste cy. Je la vous quitte. Puis prend en main la coignée de bois : il regarde au bout du manche : en iceluy recognoit sa marque : et tressaillant tout de joye, comme un renard qui rencontre poulles esguarées, et soubriant du bout du nez, dit : Merdigues, ceste cy estoit mienne. Si me la voulez laisser, je vous sacrifiray un bon et grand pot de laict tout fin couvert de belles frayres aux Ides (c'est le quinziesme jour) de may. Bonhomme, dit Mercure, je te la laisse, prends la. Et pour ce que tu as opté et souhaité médiocrité en matière de coignée, par le veuil de Jupiter, je te donne ces deux autres. Tu as de quoy dorenavant te faire riche. Sois homme de bien » (1).

La morale est double : — ne soyez pas trop ambitieux ; — soyez courageux à l'ouvrage ; — de cette façon vous accomplirez vos vœux : « Souhaitez donc médiocrité, elle vous adviendra, et encore mieulx, deuement ce pendant labourans et travaillans. »

Couillatris, malheureux, implore le ciel ; mais quand il est rentré en possession de sa cognée, il ne se moque pas de Mercure, comme Panurge de saint Nicolas ; il le révère, il lui est reconnaissant.

La foi naïve régnait alors dans le peuple, comme encore maintenant dans beaucoup d'endroits. Loin d'être irrévérencieusement incrédules, ainsi que Panurge, les gens du peuple étaient plutôt disposés à une crédulité excessive, à admettre comme vérités d'Evangile les exagérations inspirées à leurs prêcheurs par un zèle indiscret. C'est le cas des pèlerins dont nous avons déjà écouté la confession et que Gargantua ramène à de plus justes idées des saints et des choses divines.

(1) Liv. IV, Prol.

La croyance aux songes, aux sorciers, aux astrologues, à certains remèdes incompréhensibles était généralement répandue. Les chapitres sur les « songeailles » de Panurge, sur Her Trippa, sur la sibylle de Panzoust, et de nombreux passages disséminés çà et là sont destinés à combattre ces erreurs.

III

Les Droits

Connaître le peuple tel qu'il est, c'est une condition nécessaire pour se garder des utopies. Ce n'est pas, pour un esprit juste, une raison de lui dénier ses droits. Personne ne fut mieux que Rabelais disposé à les reconnaître.

Mais ces droits, surtout pour une population encore très-ignorante et incapable de se conduire sagement elle-même, se traduisent par les devoirs des classes élevées envers les inférieures. C'est aux rois de s'occuper du bien public, comme au père de veiller sur le bonheur de ses enfants; c'est au clergé de ne pas abuser de sa puissance, de son savoir, de son prestige, et d'avoir en vue l'intérêt commun; c'est aux seigneurs de ne pas pressurer les paysans, aux magistrats d'être équitables et bons, désintéressés et actifs; c'est à ceux enfin qui, à un titre quelconque, jouissent d'une influence dans l'Etat, de l'exercer d'une façon salutaire, de protéger, d'enrichir, d'éclairer les pauvres gens, de « tousjours bien faire, jamais mal. »

Nous avons vu le développement de ces pensées à mesure que s'est présentée la critique des différents ordres de personnes à qui incombent ces nobles obligations. Nous pourrions encore rappeler maints passages qui se rapportent au même objet, car Rabelais est intarissable sur cette question; un sentiment profond d'humanité la ramène sans cesse sous sa plume. L'injustice lui cause une douleur qui ne s'apaise point. Il n'a jamais assez flétri, à son gré, « les mangeurs du populaire » (1), Il ne peut comprendre que les travailleurs soient dépouillés du profit de leur travail. Quiconque vit à leurs dépens est pour lui une sorte d'ennemi personnel. Qu'ils soient charlatans, marchands de Thériacle, « divinateurs, enchanteurs et abuseurs du simple peuple » (2), comme les Engastrimythes ou Ventriloques, ou tout simplement « moines ocieux, » bien mangeans, quoique « rien ne faisans, » comme les Gastrolatres, « poids et charge inutile de la terre, » (3) il ne souffre point telles espèces de gens; il n'est jamais las de leur témoigner son mépris et sa colère.

Au fond, malgré le grand nombre d'iniquités apparentes, c'est en somme le droit qui l'emporte : la société, autrement, se dissoudrait ; et le laboureur finit d'ordinaire par récolter et jouir de la récolte.

Le cas du diable de Papefiguière le prouve. Ce diable, trouvant dans l'île un pauvre qui semait son champ de

(1) Liv. I, ch. LIV.

(2) Liv. IV, ch. LVIII.

(3) Idem

touzelle : « Ce champ n'est pas tien, lui dit-il, il est à moy, et m'appartient. Car depuis l'heure et le temps qu'au Pape vous fistes la figue, tout ce pays nous fut adjugé, proscrit et abandonné. Bled semer toutesfois n'est mon estat. Pourtant je te laisse le champ. Mais c'est en condition que nous partirons le profit. » Le laboureur n'est pas le plus fort, il se soumet. « Je le veulx, » dit-il. Le diable continue à poser ses conditions : « J'entends que du profit advenant nous ferons deux lotz. L'un sera ce que croistra sus terre, l'autre ce que en terre sera couvert. Le choix m'appartient, *car je suis diable extraict de noble et antique race, tu n'es qu'un vilain*. Je choisis ce que sera en terre. »

On voit par ce choix, en effet, qu'il est de noble et antique race et que blé semer n'est point son état. Quand il voulut vendre son chaume, il fut très-mortifié de voir qu'on préférait le blé du vilain. Mais il compta prendre sa revanche. « De quoy ceste année sequente pourras-tu nostre champ semer ? Pour profit, respondit le laboureur, de bon mesnagier, le convien-droit semer de raves. » Le diable, cette fois, retient ce qui sera dessus, et joyeusement, attendant la « cueillette, » s'en va tenter les hérétiques. De nouveau déçu, il n'admet plus de partage, il lui faut le champ à lui seul, désormais. Une lutte « à belles gryphes » en décidera. « Va, vilain, je te gratterai en diable. » Voilà le pauvre bonhomme de paysau en mauvais point. Pourtant, avec l'aide de sa femme, il s'en tire à son avantage, et c'est à lui que reste le champ (1).

(1) Liv. IV, ch. XLV, XLVI, XLVII.

IV

Les Devoirs

S'il faut rendre au peuple ses droits, il faut que le peuple connaisse ses devoirs et qu'il les remplisse loyalement. Qu'il obéisse à ceux qui sont régulièrement institués pour le diriger et qui lui commandent pour son bien. Point d'anarchie, point de sédition. Rabelais blâme avec force les soulèvements dont Paris avait donné plus d'une fois l'exemple dans le cours du quinzième siècle. « Vous savez qu'à ce ils sont tant faciles, que les nations estranges s'esbahissent de la patience ou (pour mieulx dire) de la stupidité des rois de France, lesquels autrement par bonne justice ne les refrenent, veus les inconveniens qui en sortent de jour en jour » (1). Il ne veut pas même que le peuple ait recours à ces moyens violents quand l'injustice est évidente : Alcofribas empêche frère Jean de mettre à sac les Chats-Fourrés. « Il nous deffault, dit-il, le commandement d'Eurysthée. » C'est d'en haut que le remède doit venir. Ce que fait la foule, livrée à elle-même, n'est ni mesuré ni stable. Il est nécessaire que les princes et « gens sçavants du royaume » président eux-mêmes aux réformes et aux progrès. Ce sont choses qui ne s'improvisent pas, qui ne s'obtiennent point sans des efforts

(1) Liv. I, ch. XVII.

suivis et sages, sans le secours de nombreuses et rares connaissances.

Mais s'il convient que les ignorants sachent ne pas sortir de leur rôle, il n'appartient toutefois à personne de se renfermer en soi-même ou dans sa famille, de s'en tenir aux maximes d'un égoïsme anti-social. La plus absolue des passions, l'amour, ne conduira jamais un homme de cœur, un bon citoyen, à « laisser les offices qu'il doit naturellement à sa patrie, à la république, à ses amis » (1).

Rabelais a au plus haut degré le sentiment de la solidarité humaine. Il nous considère tous comme véritablement et intimement liés les uns aux autres, et l'action des générations précédentes sur celles qui les suivent, les devoirs de chacun vis-à-vis de l'avenir, sont perçus par lui avec une clarté parfaite. Il ne veut pas qu'un homme disparaisse sans laisser un homme à sa place, sans avoir pourvu pour sa part à la continuation de l'espèce (2). Nous devons nous intéresser à ce monde même en le quittant, tâcher de lui être utile au moment de partir, employer à cela nos derniers efforts.

C'est pour cette raison que « le prudent medecin, voyant par les signes pronosticz son malade entrer en decours de mort, par quelques jours davant advertit la femme, enfans, parens et amis du decès imminent du mary, pere, ou prochain, afin qu'en ce reste de temps qu'il a de vivre, ils l'admonestent donner ordre à sa maison, exhorter et benistre ses enfants, recommander la viduité de sa femme, declarer ce qu'il

(1) Liv. III, ch. XXXV.

(2) V. Liv. III, ch. XXVI.

sçaura estre necessaire à l'entretenement des pupilles, et ne soit de mort surpris sans tester et ordonner de son âme et maison » (1).

C'est le détachement de ces devoirs qui indigne Rabelais contre les moines : il regarde leur vocation comme œuvre du diable : « Je vais, dit le diable de Papefiguière, tenter les escoliers de Trebizonde laisser peres et meres, renoncer à la police commune, soy emanciper des edictz de leur roy, vivre en liberté soubterraine, mespriser un chacun, de tous se moquer, et prenant le beau et joyeux petit beguin d'innocence poëtique, soy tous rendré farfadets gentils » (2). Il revient encore sur cet abandon lorsqu'il nous montre les « clergaux » de l'ile Sonnante « laissans peres et meres, tous amis et tous parens. » C'est là pour lui une offense aux lois naturelles, que rien ne saurait excuser.

Au contraire il s'anime, il s'exalte, il s'enthousiasme — chose qui ne lui est point familière, — quand il se représente un monde où régnerait le sentiment de l'universelle fraternité, de la solidarité réelle.

Lorsque Panurge fait l'éloge des débiteurs, il commence son paradoxe sur le ton de la plaisanterie ; mais peu à peu il change sa thèse, il l'agrandit. Il ne s'agit plus d'emprunteurs sans scrupule ni de créanciers sans merci ; il s'agit des services que les hommes se doivent entre eux, du bien qu'ils peuvent mutuellement se faire, des admirables résultats d'une association sincère des intelligences, des

(1) Liv. IV, ch. XXVII.

(2) Liv. IV, ch. XLVI.

cœurs et des bras. Où cette association manquera, la société sera une forêt sauvage et « les hommes seront loups aux hommes. » Si au contraire elle est réalisée, quel tableau heureux la société nous présente : « Entre les humains, paix, amour, dilection, fidélité, repos, banquetz, festins, joye, liesse, or, argent, menue monnoie, chaines, bagues, marchandises, troteront de mains en mains. Nul proces, nulle guerre, nul debat ; nul n'y sera usurier, nul leschart, nul chichart, nul refusant. Vray Dieu, ne sera ce l'aage d'or, le regne de Saturne ? l'idée des regions olympicques, esquelles toutes autres vertus cessent : charité seule regne, regente, domine, triomphe ? Tous seront bons, tous seront beaux, tous seront justes. O monde heureux ! ô gens de cestuy monde heureux ! ô beatz trois et quatre fois ! Il m'est advis que je y suis » (1).

« Rabelais, dit à ce sujet M. Fleury (2), a les yeux tournés vers l'avenir. Tandis que ceux de ses contemporains qui passent pour les plus avancés, Calvin, Hotman, cherchent leur idéal dans le passé, — l'un dans l'organisation primitive de l'Eglise chrétienne, l'autre dans les forêts de la Germanie, où il trouve la monarchie constitutionnelle et la république, — lui, le cherche en avant, dans une société plus éclairée, plus fraternelle, et saint Simon ne fera guère que préciser la pensée que Panurge exprime ici, lorsqu'il écrira : « L'âge d'or n'est point derrière nous, il est au-devant... Nos pères ne l'ont point vu, nos enfants y arriveront un jour. »

(1) Liv. III, ch. IV.

(2) *Rabelais et ses Œuvres*, ch. IX, § 27.

V

Tendance dominante de la société rabelaisienne.

Oui, Rabelais est partisan déterminé du progrès. Mais quelle idée s'en fait-il ? Quelle tendance dominera dans cette société qu'il rêve et qu'il entrevoit dans le lointain des âges à venir ? Ce sera la recherche du bonheur, — du bonheur sur terre, entendons-nous bien.

Il n'a nul goût pour l'ascétisme. Il trouve juste qu'on jouisse largement de toutes les satisfactions que peut nous procurer notre bonne mère, la Terre.

Jouir largement, cependant n'abuser pas. Ni mortification, ni excès. Jeûner est une mauvaise façon d'honorer Dieu : vivent les Andouilles ! Mais à bas la Gastrolâtrie ! Il n'est de véritable jouissance que celle qui n'engendre aucune peine, que par conséquent la raison avoue et mesure. Il faut tenir compte de tous nos besoins, de la complexité de notre nature. Que l'âme ne soit pas sacrifiée au corps, mais que le corps non plus ne soit pas sacrifié à l'âme. Un juste équilibre doit être maintenu.

Où l'esprit régnerait trop exclusivement, les remontrances de Bernard Lardon, le moine d'Amiens, à la vue des palais et des curiosités de Florence, rappelleraient les droits méconnus de la chair : « Je ne sçay que diantre vous trouvez icy tant à louer... Ce sont belles maisons. C'est tout. Mais Dieu, et monsieur saint Bernard, nostre bon patron, soit avec nous, en toute ceste ville n'ai-je encore veu une seule routisserie, et y ay curieusement regardé et considéré... Dedans Amiens, en moins de chemin quatre fois, voire trois, qu'avons fait en nos contemplations, je vous pourrais montrer plus de quatorze routisseries antiques et aromatizantes... Ces statues antiques sont bien faites, je le veulx croire. Mais par saint Ferreol d'Abbeville, les jeunes bachelettes de nos pays sont mille fois plus advenantes » (1).

Et prenez garde, avant de faire un reproche au bon moine de son sensualisme. Car il est prêt à vous répondre, et il vous prouvera, que tous les arts tirent leur origine de nos besoins physiques ; il rapportera leur invention à messer Gaster en personne :

« Dès le commencement il inventa l'art fabrile, et agriculture pour cultiver la terre, tendant à fin qu'elle luy produisit grain. Il inventa l'art militaire et armes, pour grain défendre ; médecine et astrologie, avec les mathematiques nécessaires, pour grain en saulveté par plusieurs siecles garder et mettre hors les calamités de l'air, deguast des bestes brutes, larrecin des brigands. Il inventa les moulins à eau, à vent, à bras, à autres mille engins, pour grain moudre et réduire en farine;.... le feu, pour le cuire; les horologes et quadrans pour entendre le temps de la cuicte de pain, creature de grain. Est advenu que grain en un pays défailloit, il inventa art et moyen de le tirer d'une contrée

(1) Liv. IV, ch. XI.

en autre..... Il inventa chariots et charettes pour plus commodement le tirer. Si la mer ou rivières ont empesché la traicte, il inventa bateaulx, gualeres et navires (chose de laquelle se sont les elements esbahiz) pour oultre mer, oultre fleuves et rivieres naviguer, et de nations barbares, incogneues et loing séparées, grains porter et transporter. » (1)

Sommes-nous donc plongés dans ce matérialisme de façon à ne rien apercevoir au-dessus? Est-ce que la société de Rabelais ne s'éclairera pas d'un rayon d'idéal? Ne craignez rien; il connaît trop bien l'homme pour méconnaître l'heureuse suprématie qui revient de droit aux facultés les plus nobles. Ce sont bien elles qui sont appelées par lui au gouvernement de toutes les autres. Ce sont elles qui font le choix des choses à rechercher ou à éviter, qui assignent les rangs des différents biens, et qui enferment nos volontés dans leurs limites légitimes.

« Physis (c'est nature) en sa première portée enfanta BEAULTÉ et HARMONIE *sans copulation charnelle*..... Antiphysie, laquelle de tout temps est partie adverse de nature, incontinent eut envie sus cestuy tant beau et honorable enfantement : et au rebours enfanta AMODUNT et DISCORDANCE *par copulation de Tellumon* » (2).

Ainsi c'est la nature elle-même qui nous donne ce grand enseignement de la juste subordination des parties inférieures de notre être; d'elle-même nous apprenons que c'est du cerveau et non du ventre, que *Beaulté* et *Harmonie* s'en-

(1) Liv. IV, Ch. LXI.

(2) Liv. IV, Ch. XXXII.

gendrent, que ce qui fait la vie belle et harmonieuse, c'est-à-dire sagement ordonnée, c'est l'obéissance, non aux instincts bas, qui ne produit que désordre et laideur, mais à l'idée, à la conscience, à l'amour et à la raison.

Tout est contenu dans une leçon semblable ; or, chez un peuple de Pantagruélistes, chacun saura, et conformera sa conduite à sa science.

CHAPITRE IX

CONCLUSION

On sait maintenant ce que Rabelais a écrit des institutions, des lois ou usages de son temps, et les réformes qu'il souhaitait. On sait quels mouvements de colère, de joie, d'espérance, de pitié, a fait naître en lui le spectacle que lui offrait le monde politique. J'ai dressé, en un mot, à propos des divers objets qui ont été présentés à ses regards, le mobile tableau de ses idées et de ses passions. Quelque chose encore nous échappe, le secret des unes et des autres, la cause profonde d'où elles dérivent.

Car cette quantité de jugements et cette variété d'émotions, cette succession d'états changeants à l'aspect du monde extérieur tient à un état permanent, à une constitution intime qui fait que l'âme, dans telle circonstance, est affectée de telle façon et ne peut l'être différemment. Comme toutes les passions se rattachent à un ou deux grands sentiments, toute la foule des idées remonte à une ou deux idées premières. Ce sont ces impressions profondes, ineffaçables, toujours les mêmes génératrices de toutes les autres, qu'il faut atteindre pour bien connaître un homme.

Ce qu'elles devaient être, ce qu'elles étaient chez Rabelais, les pages qui précèdent nous permettent de le déterminer à présent.

Rabelais, disent certains critiques (1), n'est que « parodie » d'un bout à l'autre. Il porte des coups redoutables, mais au hasard, il n'a point de but, son unique dessein est de railler puis de railler, et de railler encore. Il rit de toutes choses, et rien de plus. C'est un « étrange divertissement » qu'il se donne, une comédie folle ou une mascarade monstrueuse; et il n'y met point de dénouement. Sans doute on voit, de temps à autre, briller un éclair de raison; mais l'œuvre, en somme, n'est qu'un « chaos », et impossible à « débrouiller. »

Pour ces critiques, naturellement, quand on a noté chez Rabelais, la passion du dénigrement, servie par une verve redoutable, et la conviction qu'en ce bas monde tout est folie et ridicule, il n'y a rien à chercher au-delà.

Pour nous, qui avons vu dans son livre autre chose que des parodies, cette explication ne peut nous satisfaire.

(1) Voyez, par exemple, Philarète CHASLES : *Histoire de la langue et de la littérature françaises au XVIe siècle*, livre I, § XI, page 92 de l'édition de 1848, chez Amyot, in-8o. « *Il n'y a chez lui* (Rabelais) *que satire et parodie.* »

Nous sentons que ce fleuve d'ironie, torrentueux et débordant, où Panurge semble se noyer (1), a emporté ces critiques loin de sa source et qu'ils ne l'ont jamais reconnue.

Assurément, Rabelais rit parce qu'il a besoin de rire, il raille parce qu'il est né railleur, et ce serait folie de chercher une leçon ou un attendrissement sous chacune de ses « gaudisseries. » Mais, quand le conseil est évident et quand l'émotion est sincère, serait-il sage de les méconnaître parce qu'on trouve à côté une bouffonnerie sans portée ou un galimatias double, parce que l'enveloppe qui les recouvre quelquefois ne recouvre rien ? Il faut faire sa part au tempérament, et cette part est grande chez Rabelais ; mais il ne faut pas oublier de faire celle du cœur et de l'esprit, qui certainement n'est pas petite.

La haine du mal ne va guère sans la vue et l'amour du bien. Dans le *Pantagruel* et dans le *Gargantua*, la satire du monde d'alors, comme nous l'avons observé, implique un appel *au mieux* qui se produisit dans la suite. L'impitoyable moquerie qui accable le chicanous et le juge vénal et barbare venge du même coup l'honnête homme livré en proie à leur fureur d'avarice et de cruauté. Qui ne sent, sous le détail comique des ravages *exécutés* par les soldats en campagne, une réelle pitié pour les pauvres gens, victimes de la folie des rois. Ici en effet, comme dans l'Iliade, on apprend de quel poids pèsent sur le dos des petits les sottises des grands. *Quidquid delirant reges, plectuntur*

(1) Je ne sais qui a dit que Panurge avait si peu de fibres humaines, « qu'on le croirait né des amours d'un jambon et d'une bouteille. »

Achivi. Et ces charges à fond contre les mauvais princes « qui ne valent ni ne savent rien » que « faire des maux aux pauvres sujets, » révèlent moins de colère que de tendresse.

Tout, jusqu'aux violences, respire la douceur, car c'est aux violents qu'elles s'adressent. Tout témoigne d'une âme miséricordieuse, d'une sympathie universelle pour les faibles et les opprimés. Tout prouve, quoi qu'on ait pu dire, un profond amour des hommes.

Or, on ne peut aimer les hommes sans les croire foncièrement bons.

Machiavel, qui les croit méchants, leur a retiré son affection. Son style d'airain, glacial et tranchant comme un glaive, est la marque d'une âme endurcie contre tout sentiment humain par cette désolante conviction, que l'humanité est perverse et le demeurera éternellement. Il ne connaît plus la pitié ; ceux qui souffrent valent-ils qu'on les plaigne ? Il disserte, sans s'émouvoir, sur le bon et le mauvais usage qu'on peut faire de la cruauté. Il ne s'indigne plus : est-ce que le mal n'est pas l'ordinaire et la règle ? Il admire les crimes bien conduits, il applaudit à leur succès.

Ni la Boétie, ni Erasme, ni Montaigne n'aiment vraiment les hommes. Pourquoi ? ils ne les estiment pas. Ce peu de cas qu'ils en font les empêchent de rien tenter en leur faveur.

Erasme ne les juge pas même dignes d'entendre la vérité et, quand il pense l'avoir saisie, il la renferme prudemment. Il se repent de ses premières ardeurs, qui l'avaient porté vers l'action.

Montaigne de bonne heure s'est retiré au sein d'un égoïsme aimable. Il suit curieusement le train du monde, mais il ne s'en trouble aucunement. Il regarde les mœurs corrompues, l'empirement continuel des choses, les lois « monstrueuses et barbares. » Il compte si peu sur un relèvement, *qu'il planterait de bon cœur une cheville à la roue* et l'arrêterait là, pour éviter le *croulement* qui menace.

La Boétie, avec toute sa violence, retombe dans une pareille torpeur. En effet, le cœur plein de mépris pour cette foule stupide qui s'endort dans une servitude volontaire et qui, bien repue, ne quitterait pas son écuelle pour la République de Platon, il sent autant de colère contre elle que contre le despote qui l'écrase. La lâcheté publique est si grande, qu'il n'attend rien, même de l'avenir. Il se regarde comme seul au monde quand il pense à la liberté et ose soupirer après elle. Avant de donner une conclusion à son éloquente invective, il hésite, il s'arrête soudain et, découragé, abattu, consterné d'un tel isolement, d'une bassesse si universelle, il renonce à tenter en ce monde des efforts qui seraient superflus ; il se contente d'attester Dieu et de remettre aux flammes de l'Enfer le soin de châtier la tyrannie.

Rabelais, lui, ne doute pas un instant de l'excellence de nos facultés, de nos tendances intimes vers le bien ; certes, il voit aussi les instincts contraires, mais il est certain de leur défaite. Jamais, des hontes de son époque, l'idée ne lui est venue de conclure à l'infâmie de notre nature même. Il a beau dénoncer des vices, des abus, des iniquités ; rien ne le rebute, rien ne le déconcerte, rien ne le fait entrer en défiance.

Ni la puissance ne lui paraît corrompre fatalement le roi, ni la liberté mener le peuple nécessairement au désordre. En présence des Picrochole, il conçoit les Grandgousier. Si les choses vont mal, ce n'est point faute de bonne volonté ; c'est faute de science, manque de lumière. Il ne nous faut donc « qu'enseignement de bien et salubrement vivre » et « conduite de bonne lanterne (1) ; » moyennant quoi, tout prospèrera. Les souverains ne garderont nulle trace d'esprit tyrannique ; les sujets, nul goût de révolte, et ils n'auront aucun besoin d'être tenus par de dures lois. Les premiers se feront un plaisir « d'allaiter, bercer et éjouir leurs peuples, comme enfant nouvellement né. » Pour les seconds, quand ils n'auraient pour unique frein que cette règle : *Fais ce que voudras,* rien à en craindre. Car « gens liberes, bien nés, bien instruits, conversans en compagnies honnestes, ont par nature un instinct et aguillon, qui toujours les pousse à faits vertueux et retire du vice : lequel ilz nomment honneur. » C'est seulement, « quand par vile sujétion et contrainte ils sont desprimés et asservis, qu'ils destournent la vive affection par laquelle à vertu franchement tendoient, à desposer et enfreindre ce joug de servitude (2). »

On le voit : cette idée de la bonté de l'homme, cet amour qui le voudrait heureux, conduisent à une pensée nouvelle, celle de Progrès ; Rabelais l'accepte. Ce sceptique a une croyance ; ce moqueur, un idéal. Au fond d'un horizon

(1) Livre V, chap. XLII.

(2) Livre I, chap LVII.

lointain, indéfini, inaccessible, il entrevoit une grande image, semblable à une statue superbe dressée au centre où aboutissent toutes les routes que nous suivons, l'image d'une humanité parfaite et presque divine. Nous ne l'atteindrons jamais, sans doute ; du moins, nous en approcherons. Rabelais est sûr, comme Condorcet, que l'homme va s'améliorant.

Reportant les yeux sur le passé, il s'anime à jouir du présent ; il se plaît à imaginer un avenir éclatant de merveilles. La paix, la justice, la science y règneront. Autrefois « c'était prouesse de conquêter des royaumes » au grand dam de ses semblables; maintenant, c'est « briganderie. » Un jour viendra où de sages alliances, des concessions réciproques, une idée plus nette du droit, délivreront le monde de la guerre, ou la rendront beaucoup plus rare. Quelque jour aussi, le Parlement cessera de condamner l'innocence; les bûchers n'auront plus de martyrs ; la vérité se fera connaître et la tolérance arrivera. Quand leur « méchanceté » sera patente, les « serre-argent », les « Chats-Fourrés », les « larves bustuaires » disparaîtront. La clarté les fera évanouir, et voici que l'aurore blanchit le ciel. Le siècle dernier en effet, « n'était tant idoine ni commode aux lettres, comme est de présent » ; il était encore « ténébreux et sentant l'infélicité et calamités des Goths » mais, déjà « la lumière et la dignité » ont été rendues au savoir. « Toutes disciplines sont instituées ; le monde est plein de librairies très-amples (1). » On laisse bien loin les anciens, même ceux des plus belles époques ; « ni au temps

(1) Livre, II, chap. VIII.

de Platon, ni de Cicéron, ni de Papinian, » les études n'étaient si faciles, ni la science si ouverte à tous. On apprend aujourd'hui sans peine, sans longs voyages, sans grosses dépenses, « les langues, les histoires, la géométrie, l'arithmétique, la musique, l'astronomie, la médecine. » Quant aux « faits de nature », il faut tout connaître, des oiseaux du ciel aux métaux enfouis dans le ventre de la terre. Il faut que tous « soient participants de cette sagesse advenante, émancipés de l'antique folie (1), » et qu'on voie « un abîme de science ! »

Car il ne s'agit de rien moins que de renouveler la face du monde en renouvelant l'éducation.

On touche ici à l'utopie et il faut avouer que Thélème, où la liberté absolue ignore l'obstacle et la contrainte et où tout travail s'accomplit par le seul attrait du plaisir, est un rêve de bonheur qui devance les conceptions de Charles Fourrier, et offre à certains points de vue l'ébauche du *Phalanstère*. Par là, Rabelais se rapproche de Thomas Morus, dont l'*Utopie* parut en 1516, et de l'avocat Raoul Spifame, qui publia, en 1556, ses *Dicearchiæ regales* (2).

(1) Livre V. Prologue.

(2) Encore convient-il de remarquer que, même dans sa conception de *Thélème*, Rabelais ne prétend pas donner du premier coup le dernier mot du progrès humain. Thélème n'est pas une société tout entière, une unité qui se suffise à elle-même ; c'est une abbaye, d'un genre très-nouveau sans doute, mais c'est bien une abbaye ; elle ne vit que de la dotation superbe que Gargantua a faite au fondateur. Les *Thélémites* ne produisent pas ; ils consomment ; ce sont des gentilshommes qui ont tous de grandes fortunes et occupent leur temps à cultiver de la façon la plus heureuse les facultés dont la nature les a doués. Enfin ils sont tous jeunes ; cette considération nous dispose à croire que, dans la pensée de

Mais il ne se laisse pas entraîner sur la pente décevante des beaux songes. S'il a une noble idée des hommes, s'il pense parfois avec orgueil à ce qu'ils pourraient devenir un jour, il se rappelle à temps ce qu'ils sont. Il quitte la route de l'impossible, il revient promptement au réel; il a le sentiment du pratique. Sa vue est d'une portée immense, mais il sait que les pieds ne peuvent pas aller aussi vite que les yeux. Il se rend compte de la limite imposée à l'action humaine, et il tâche de pousser son siècle jusqu'où il lui est permis d'aller. Sous son air de fou, il est sage. En général, sa politique est celle d'un homme qui sait ce qui est faisable, qui tire parti des circonstances, tout en consultant des principes plus généraux et plus élevés. Sa vue ordinairement est excellente, nette et juste, comme celle des gens rompus au maniement des affaires. Il ne s'emporte qu'à bon escient; son intempérance de langage couvre des idées modérées. Chez lui enfin, l'excès est dans la forme, tandis que la mesure est au fond (1).

Ainsi, *bon sens*, *amour des hommes*, *confiance en leur vertu native et en leurs progrès ultérieurs*, voilà le terme extrême où s'arrête l'analyse de ce génie étrange, voilà les

Rabelais, *Thélème* est une sorte d'Université, où s'achèvent et se complètent, durant un loisir de quelques années, les éducations commencées selon la méthode de Ponocrate. Les heures y sont employées au *self-perfectionment* des membres de l'association, et lorsque ce but paraît suffisamment atteint, qu'ils sont devenus vraiment des hommes, ils prennent femmes et rentrent résolument dans l'existence extérieure et active.

(1) LENIENT. *La satire en France* (*XVI*e *siècle*).

trois formes essentielles de cette âme dans laquelle s'agite une épopée sans précédent, immense et variée comme un monde, où se heurtent tous les contraires, où toute chose imprime son image, où, comme dans un miroir magique, déjà viennent se peindre quelques traits de ce qui n'existe pas encore.

FIN

TABLE DES MATIÈRES

CHAPITRE IV

CHAPITRE V

CHAPITRE VI

CHAPITRE VII

CHAPITRE VIII

CHAPITRE IX

MIRECOURT, TYPOGRAPHIE CHASSEL.

www.ingramcontent.com/pod-product-compliance
Ingram Content Group UK Ltd.
Pitfield, Milton Keynes, MK11 3LW, UK
UKHW012031240726
13965UKWH00002B/720